社会科「個別最適な学び」授業デザイン

事例編

宗實 直樹
Naoki Munezane

椎井 慎太郎
Shintaro Shii

編著

明治図書

はじめに

「個別最適な学び」というワードを使用することは，実はあまり好きではありません。多くの誤解が生じそうだからです。何を最適化するのかというよりも，一人ひとりの子どもを見つめて，それぞれの子どもの中で，その教科「らしい」学びとこの子「らしい」学びが成立することが重要だと考えます。凝り固まった授業観や子ども観があるのであれば，それをほぐす必要があるのかもしれません。「いろいろあって，おもしろい」という風に柔軟に考えることで，より良い学びのカタチが生じます。それを子どもと共に楽しみ，「この子」の中に豊かな学びが成立できるようにすることが大切なのではないでしょうか。

子どもの学習の複線化が重要だと強調されているのと同時に，教師の指導・支援を複線化することも重要だと考えます。それぞれの教師が自分の得意を生かして，教科教育としての質を高め，目の前の子どもに合う方法を選択すれば，それで良いと感じています。

第1章に詳しく書き記しましたが，

- 「自立的な学習者を育てる」という上位目標をもつこと
- 上位目標を達成させる方法は子どもの実態と教師の個性に合わせて柔軟に行うこと
- 方法面だけを表に出すのではなく，社会科という教科としての内容面も大切にすること
- 「すべての子ども」を意識した「この子」の学びを過程として見ること
- 長いスパンを意識して子どもを育てようとすること
- 教師の指導性を充分に発揮させること

以上の6点がこれから大切になってくるでしょう。

　これらのような考え方をもとに，数多くの実践者によって編まれたものが本書です。第2章では小学校の実践を，第3章では中学校・高等学校の実践を記しています。今，求められているのは，より多くの実践を知り，それらを参考に自身の実践を確立し，その内容と方法を豊かにしていくことでしょう。実践の中からこそ「この子」の学びの様相が見られ，その過程を追うことができます。本書がその一つのヒントとなれば幸いです。

　本書は，『社会科「個別最適な学び」授業デザイン』の理論編，実践編の続編として著されたものです。前著を上梓した後，個別最適な学びについての学習会が様々な形で行われるようになりました。そのような中，椎井慎太郎氏発案のもと，「早朝社会科倶楽部」という朝の7時から行われる学習会が2023年3月5日（日）にはじまりました。オンラインの学習会で，全国各地の実践者たちが集う学習会です。最初の1〜14回（Season1）は，書籍〈理論編〉の14の勘所をもとに私が解説し，質疑応答・議論などが続きました。その後の15回目から（Season2）は，各実践者がそれぞれの勘所を意識しながら実践紹介，質疑応答・議論などを行いました。そこでの実践紹介や議論をもとにして，グループ内でのやり取りを通じて本書の一つひとつが編まれました。

　すべて生粋の実践者の実践事例ばかりです。小学校から中学校，高等学校までの実践を網羅できたことも本書の特長となっています。一本筋を通した，そして何よりもカラフルな1冊になったと自負しています。本書を「きっかけ」にして，各地で多くの豊かな実践が展開されることを期待しています。

2024年10月

宗實　直樹

はじめに　3

目次

はじめに

社会科「個別最適な学び」の展開

- ❶上位目標の共有　12
- ❷教師の役割としての支援　15
- ❸教師の役割としての環境の開放　17
- ❹教師の指導・支援の複線化　21
- ❺「個別最適な学び」授業づくりのヒント　23

社会科「個別最適な学び」授業デザイン　小学校編

1　教材・単元づくりを見直す─子どもたち「らしさ」に合わせる─

3年　わたしたちの市の歩み

- ❶教材研究と単元デザイン　28
- ❷「わたしたちの市の歩み」個別最適な学び　成功のポイント　30
- ❸「わたしたちの市の歩み」授業展開プラン　32
- ❹「この子」の育ちと評価のポイント　36

2　子どもの知的興味をつくり出す─知的好奇心をさらに高める学習過程─

3年　横浜市のうつりかわり

- ❶教材研究と単元デザイン　38
- ❷「横浜市のうつりかわり」個別最適な学び　成功のポイント　41

4

❸「横浜市のうつりかわり」授業展開プラン　42

❹「この子」の育ちと評価のポイント　46

3　上水道の「現在」の姿を理解する―小さい選択と子どもの表現から―

4年　命とくらしをささえる水

❶教材研究と単元デザイン　48

❷「命とくらしをささえる水」個別最適な学び　成功のポイント　52

❸「命とくらしをささえる水」授業展開プラン　53

❹「この子」の育ちと評価のポイント　56

4　2つの神楽を比較して見えてくる伝統―社会を見るメガネを創る学び―

4年　地域で受けつがれてきたもの

❶教材研究と単元デザイン　58

❷「神楽に学ぶ伝統の継承」個別最適な学び　成功のポイント　61

❸「神楽に学ぶ伝統の継承」授業展開プラン　62

❹「この子」の育ちと評価のポイント　64

5　『問い』を生み出す伴走者・生成 AI
―『問い』を深掘りする学習環境づくり―

5年　情報化した社会と産業の発展

❶教材研究と単元デザイン　66

❷「情報を生かす産業」個別最適な学び　成功のポイント　70

❸「情報を生かす産業」授業展開プラン　71

❹「この子」の育ちと評価のポイント　73

6 豊平川の昔・今・未来―既習や実社会とつなげる学びを創る―

5年　環境を守るわたしたち

❶教材研究と単元デザイン　76

❷「環境を守るわたしたち」個別最適な学び　成功のポイント　78

❸「環境を守るわたしたち」授業展開プラン　81

❹「この子」の育ちと評価のポイント　84

7 日本とのつながりを追究する―自走的追究を促す２つの勘所―

6年　日本とつながりの深い国々

❶教材研究と単元デザイン　86

❷「日本とつながりの深い国々」個別最適な学び　成功のポイント　89

❸「日本とつながりの深い国々」授業展開プラン　90

❹「この子」の育ちと評価のポイント　94

8 政策対象を視点に幕府の政治を見る―決定・選択・調整しながらの学び

6年　幕府の政治と人々の暮らし

❶教材研究と単元デザイン　96

❷「幕府の政治と人々の暮らし」個別最適な学び　成功のポイント　99

❸「幕府の政治と人々の暮らし」授業展開プラン　101

❹「この子」の育ちと評価のポイント　104

社会科「個別最適な学び」授業デザイン　中学校・高等学校編

1　個別×協働の社会科を目指して
―単元表と問いの一覧表の活用を通して―
中学1年　地理　南アメリカ州「開発の進展と環境保全」

❶教材研究と単元デザイン　108
❷「南アメリカ州―開発の進展と環境保全―」
　個別最適な学び　成功のポイント　111
❸「南アメリカ州―開発の進展と環境保全―」授業展開プラン　113
❹「この子」の育ちと評価のポイント　116

2　時代の特色を表現できる生徒を育む
―単元のデザインと複線型の学習を通して―
中学1年　歴史　ユーラシアの動きと武家政治の変化

❶教材研究と単元デザイン　118
❷「ユーラシアの動きと武家政治の変化」
　個別最適な学び　成功のポイント　121
❸「ユーラシアの動きと武家政治の変化」授業展開プラン　123
❹「この子」の育ちと評価のポイント　126

3　異分野融合のカリキュラムマネジメント
―連続性と系統性を意識した社会科授業の実現―
中学2年　地理　世界の諸地域（ヨーロッパ州）・日本の姿

❶教材研究と単元デザイン　128
❷「イギリスの自然環境」個別最適な学び　成功のポイント　132
❸「イギリスの自然環境」授業展開プラン　133
❹「この子」の育ちと評価のポイント　135

4 産業が発達した背景を探る―問いの吟味と非認知能力に焦点を当てて―

中学2年　地理　日本の諸地域　中部地方

❶教材研究と単元デザイン　138

❷「産業が発達した背景を探る」個別最適な学び　成功のポイント　141

❸「産業が発達した背景を探る」授業展開プラン　142

❹「この子」の育ちと評価のポイント　144

5 高橋孫左衛門商店から歴史が分かる―身近な地域で個別最適な学びを―

中学2年　歴史　近代文化の形成

❶教材研究と単元デザイン　146

❷「上越地方の文化を再考しよう」個別最適な学び　成功のポイント　149

❸「上越地方の文化を再考しよう」授業展開プラン　151

❹「この子」の育ちと評価のポイント　154

6 やる気と安心感こそ学び続ける原動力
―多様な学び方と形成的評価を生かして―

中学3年　歴史　大正デモクラシー

❶教材研究と単元デザイン　156

❷「大正デモクラシー」個別最適な学び　成功のポイント　159

❸「大正デモクラシー」授業展開プラン　160

❹「この子」の育ちと評価のポイント　164

7 一台のカメラから世界を見つめる―複線化×材の工夫で学びを豊かに―

中学3年　公民　国際社会に生きる私たち

❶教材研究と単元デザイン　166

❷「一台のカメラから世界を見つめる」
　個別最適な学び　成功のポイント　169

❸「一台のカメラから世界を見つめる」授業展開プラン　170

❹「この子」の育ちと評価のポイント　174

8　18歳成年を迎える主権者の学び
―未来の創り手は，学びのパートナー！―

高校2年　政治的な主体となる私たち「選挙の意義と課題」

❶教材研究と単元デザイン　176

❷「選挙の意義と課題」個別最適な学び　成功のポイント　179

❸「選挙の意義と課題」授業展開プラン　180

❹「この子」の育ちと評価のポイント　184

おわりに

社会科
「個別最適な学び」
の展開

1

社会科「個別最適な学び」の展開

1 上位目標の共有

　「個別最適な学び」を一言で表すなら、「子どもが自己選択・自己決定しながら自立的な学びを進めること」と言えます。図1のように上位目標は「自立した学習者」を育てることです。そのための方法は様々で構いません。しかし、その方法論のみが論じられることが多いのではないでしょうか。たとえば、自由進度学習の進め方や自己選択的な学習を取り入れるコツなどです。なぜそれらを行うのかという目的がぬけてしまい、方法が目的化してしまっている状態です。

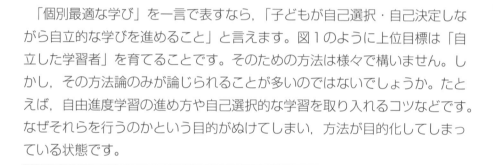

図1　上位目標と方法

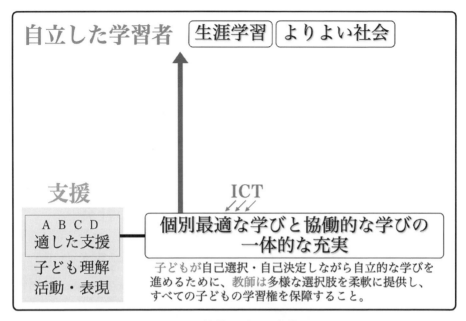

図2　教科のねらいの欠落

　また，「個別最適な学び」と「協働的な学び」を一体的に充実させ，主体的・対話的で深い学びを実現し，子どもの資質・能力を育成することが重要です。それにも関わらず，図2のようにその部分が抜けてしまっている様子もあるのではないでしょうか。教科教育における「個別最適な学び」は，その教科の深い学びを実現するための手段となります。つまり，「個別最適な学び」と「協働的な学び」は手段的な側面があります。その教科「らしさ」を考えつつ，そこにその子「らしさ」が顕れるように意識することが重要です。

　図3の中央部分を見ていきましょう。ここは，教科共通のものと教科特有のものがあります。たとえば，資質・能力の3観点は教科共通のものと言えるでしょう。学習方法は教科共通のものもあり，教科特有のものもあります。たとえば，比較，分類，総合などの思考法は教科共通であり，資料を集めたり人から聞き込んだりするのは社会科特有の学び方，違う作者の物語を比べ

ながら読んだりするのは国語特有の学び方，実験器具を使って予想したことを検証していくのは理科特有の学び方になります。

教科の見方・考え方は教科特有です。「社会的な見方・考え方を働かせて問題解決的な学習を行い，概念等の知識を獲得すること」が，社会科における深い学びの実現です。これが，社会科としての本質の部分となります。

つまり，社会科においては，子どもたちが「社会的な見方・考え方」を働かせて問題解決的な学習を行い，概念等に関わる知識を獲得するための手段としての「個別最適な学び」と「協働的な学び」なのです。[1]

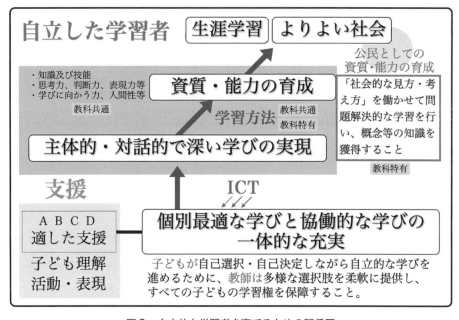

図3　自立的な学習者を育てるための関係図

---

[1] 社会科における「個別最適な学び」については〈理論編〉pp.10～17を参照いただきたい。

2 教師の役割としての支援

　子ども達が自分で主体的・対話的な学びを実現し，資質・能力を高めていく自立した学びを進めることを理想とします。しかし，これは簡単なことではありません。ですから，子ども達が自立的に学べるようにするための教師の役割について考えることが重要です。[2]

　「個別最適な学び」は「すべての子どもの学習権を保障し，だれ一人取り残さない」という理念のもと，主語を子どもにして考えることが重要ですが，教師が主語となる部分も必要です。それが，教師の指導と支援です。そもそも子どもの学びのあり方はその子それぞれなので，子どもの学びの支え方は多様です。その子その子に応じた直接的な支援は，一律一斉にすると当然効果は薄くなります。それでも一斉授業のあり方や方法を工夫し，一斉一律に教えつつも，全員参加全員理解ができる授業を目指してきました。そのために幅広い手立てが提供できるということも確認できました。

　しかし，それだけではカバーできない子もいます。たとえば2E（twice-exceptional），優れた才能と発達障害を併せ持つ子どもたちです。発達障害と言われている１／３は才能児[3]とも言われています。今まで，合理的配慮，インクルーシブの考えで「学習参加や理解が難しい子」は配慮してきましたが，「早く十分に到達できている子」への配慮が少なかったのではないでしょうか。一概に捉えるのではなく，本当の意味で多様な子が存在するということです。その子どもの多様性に応じながら環境を調整するのが「個別最適な学び」です。「個別最適な学び」は，指導法というよりも，システムや枠組みの開発的な要素があると考えます。才能教育やギフテッド教育，2E教育，幅広くカバーする本当の意味での「すべての子どもの学習権を保

---

[2]　自立的な学習者を育てる手立てと教師の役割については〈実践編〉p134～144を参照いただきたい。

[3]　才能児に関する内容は，令和３年答申 p.43 にも記されている。

第1章　社会科「個別最適な学び」の展開　15

障し，だれ一人取り残さない」について考えなければいけません。あらためて，「すべて」という言葉の重要性と，その言葉の重さを実感します。

　図3の左下の「支援」の部分のようにＡさんにはＡさんに最適な方法で支援し，ＢさんにはＢさんに最適な方法で支援しようとします。その最適な方法を行おうと思えば，一人ひとりの子どもを的確に捉えなければいけません。ですから，子どもの見取り，子ども理解が必要になるのです。

　子ども一人ひとりを的確に多面的に豊かに捉えるためには，子どもの活動の中から生まれる表現を見る必要があります。子どもが活動できる場を教師が意図的に設けたり，子どもが安心して表現できる場をつくったりすることが重要です。それがすべての土台となります。「個別最適な学び」と「協働的な学び」の一体的な充実がこれからの子どもの学びを考える上で基礎的・包括的なものとなるでしょう。

　「個別最適な学び」について考えることが，教科の本質や子どもを理解することについて問い直すことになることは間違いありません。

16

3 教師の役割としての環境の開放

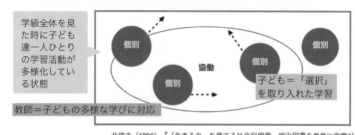

「学習の複線化」とは、子ども一人一人の多様な思いや願いに柔軟に応えられるよう、学習を構成する学習問題や教材、学習方法、学習活動、学習環境などそれぞれにおいて、教師が複数のメニューを用意したり、子ども自身が自らの学習計画を立てる場をつくったりするなどして、子どもの多様な学び方に対応できるようにすることである。（北 1996）

北俊夫（1996）『「生きる力」を育てる社会科授業』明治図書を参考に宗實が作成

図4　学習の複線化

ここではまず、学習の複線化（図4）における学習の構造変化について述べます。図5〈A〉のような「個別の学習→協働の学習→個別の学習」といったすべての子どもが同じ筋道を通る単線型の学習から、図5〈B〉のように、1時間の中に個別と協働が同時に行われる学習イメージになります。ある子どもは一人で調べたりまとめたりし、ある子どもは他の子どもと相談したり共に調べたりするような状況が教室内に生まれます。

〈B〉のような学習形態になると、社会科で言えば、問題解決的な学習の過程を、一人ひとりがそれぞれのペースで経験することになります。子どもが主体となる学習が展開されるようになります。このような子ども主体の学習を支えるための教師の役割についても考える必要があります。

---

[4]　「学習の複線化」の説明や、成功させるポイントについては〈理論編〉のpp.86-91に詳述しているのでそちらを参照いただきたい。

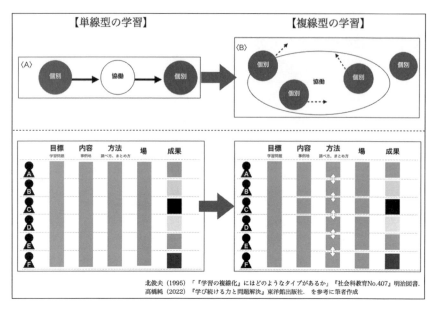

図5　学習形態の変化

　その一つは環境を開放することです。環境とは，相互に関係し合って直接・間接に影響を与える状態や世界のことを言います。学習における環境として，時間的環境，物的環境，空間的環境，人的環境などが考えられます。教師の役割として，このような環境を整え，活動の場を調整しながら間接的に関わる支援が必要です。子どもが安心して活動に向かえるようにします。

　表1のように様々な環境を開放することで，子ども主体の学びが展開されやすくなります。例えば，時間的なゆとりがある際，子ども達は自分のペースで学習をすすめ，その中で気づくことや気になること，疑問を浮かべることが多くなります。物的環境として，子どもが選ぶ教材教具だけでなく，学習に関する様々なものを教師が提示したり，教室に置いたりするだけで，その物から知的好奇心が喚起されます。場所を変えて学習を進める中で閃くこともあります。学ぶ相手を選ぶだけでなく，ゲストティーチャーや，他校の子ども達と交流する場を教師が用意することも考えられます。

　つまり，多くの環境を解放し，今までの画一性の高い授業から，より選択

的で自己決定的な授業にすることで，子ども達の主体性が生まれやすくなる状況がつくられます。

　教師が専有し，多くをコントロールしていた環境を少しずつ開放していくが重要です。

表1　環境の開放

時間的環境	物的環境	空間的環境	人的環境
調べる、まとめる、などの学習過程にかける時間を自分で決める。単元を通した学習を踏まえ、毎時間の使い方を自分で決める。	教科書、資料集、ノート、タブレット端末、白紙、画用紙、ミニホワイトボード等、学習に必要な道具を自分で決めて使用する。	自分の席だけではなく、他者の席、ワークスペース、ホワイトボード前など、学ぶ場所を自分で決める。	友だちと学んだり教師と学んだり、学ぶ相手を自分で決める。一人で学んだり、複数人で学んだり、学ぶ人数を決める。

重松鷹泰[5]（1994）は，本当の豊かさを自分の中に確保するために

① 静かさ②自分なりの納得③志

が必要だと述べています。

　それらを踏まえ，子どもを教育する際のポイントとして次の3つを挙げます。

---

[5]　重松鷹泰は，1908年東京生まれ。1946年文部省教科書局小学校社会科担当となり，小学校社会科創設及び学習指導要領に関与する。1947年奈良女子高等師範学校附属小学校主事となり，その後，1952年に名古屋大学教育学部教授となる。1972年定年退官，のちに名誉教授となり，1995年に89歳の生涯を閉じる。社会科の生みの親とも言われ，徹底的に「個」を追究する授業分析の方法，重松の考えや生き方から筆者が受けた影響は大きい。

第1章　社会科「個別最適な学び」の展開　19

①静かな時間を与え，あまりせかせかしたりしないで各人に自分で静か
　な時間をつくらせるようにすること
②自分のやったことを自分なりに評価させ，評価したことを認めて励ま
　してやること
③各人の志を認めて，それを生かして心を豊かにするのを助けてやるこ
　と

　個別最適な学びは，個の中に「豊かさ」を確立させるものだと感じていま
す。その「豊かさ」は「べき」が多い中からは生まれてくることはあまりあ
りません。時間的，空間的，関係的なゆとりがあり，自分で選択し，自分で
決めることができる「自由」があること。そして，自分の生き方を支えてく
れる他者が存在すること。これらが重要だと考えます。
　そう考えると，我々教師がするべき役割が見えてきます。

・環境を整え，ゆとりを生み出すこと
・足場を固め，子どもの自己決定を認めること
・子どもの願いを見つけ，支え続けること

　ちなみに重松は，小学校時代の教師が「お守り役」を認めてくれたことに
対する感謝の気持ちを述べています。「人と支え合う」という生き方を小学
生時代から自分の中に確立し，その生き方を終生貫いた人物です。

4　教師の指導・支援の複線化

　先述した通り，「個別最適な学び」は，一人ひとりの子どもの中で，その教科「らしい」学びとこの子「らしい」学びが成立することが重要です。教師は「この子」の学びが成立するための支援と指導を考え具体的に実行します。「一人ひとりの子どもの学びを成立させ，すべての子どもを幸せにする」という理念を大切にし，それを達成させるための方法はそれぞれで構いません。授業の型や学習形態をこうしなければいけないという「べき論」から離れ，「そういうやり方もあっていいね」という感じで柔軟に考える方が有益です。「べき論」からは創造的なものは生まれません。理念に近づくために試行錯誤する過程を子どもと共に楽しめば良いわけです。子どもの学習の複線化が重要なのと同時に，教師の指導・支援を複線化することも重要なのではないでしょうか。

　理念が共有されていれば，方法は教授型，個別型，活動型など，様々な形で良いですが，以下の3つの条件が考えられます。

・やっていることの質が高いこと（上質であること）
・目の前の子どもに合っていること（見取りをすること）
・自分に合っていること（おもしろがれること）

その中で「この子」がこの子「らしい」学びができるようにします。
以下の3点がポイントとなるでしょう。

・一人ひとりの「この子」の中で学びが成立しているか
・教科特有の学びとこの子「らしい」学びが大切にできているか
・「この子」の学びのプロセスを追うことができているか

　理念は明確に，方法は柔軟に考えながら「この子」の学びをさぐり続けたいものです。

個別最適な学びにおける主語は，「子ども」です。子どもが自分自身にとって最適な学びを見つけることが重要です。しかし，そもそも子ども達が自分にとって最適な学びを見つけることは，容易ではありません。教師の手だてや支援，働きかけが必要になります。教師側から言えば，「この子」にとってどのような学びが最適なのかを探り，「この子」を捉えようとする教師の姿勢をもつことが重要です。

　子どもの外に出る「表現」を通じて「この子」の世界に近づき，「この子」の内面を理解しようとし続けます。たとえば，

・「この子」の様子を想像しながら見る

・「この子」の考えの筋道を追って見る

・「この子」の「こだわり」をさぐりながら見る

・「この子」の表現を点としてだけではなく，線でつなげて見る

・「この子」の表現したものを評価するのではなく，解釈しようとして見る

などが考えられます。

　「この子」の瑞々しい表現をありのまま見ていくと，「この子」の学びの源がどこにあるのかが気になるようになり，「この子」の表現が愛おしく感じるようになります。当然，これを学級数の子どもたち全員にできれば良いですが，なかなか難しいです。全員を見ようとしてもぼんやりとしか見えません。ですので，まずは一人の「この子」を見ることからはじめ，一人ひとりの子どもを見る「解像度」を上げます。「この子」を見る解像度が上がれば，他の子どももより豊かに見えるようになります。

5 「個別最適な学び」授業づくりのヒント

授業づくりにおいてポイントとなる点は次の3点です。

1　教科の本質を明らかにする
2　「この子」を位置づけ，学びのあり方を追う
3　長いスパンで考える

1　教科の本質を明らかにする

　まずは概念的知識（中核概念）を明確にすることです。ゴールが明確であれば，ぶれません。もちろん，それだけがゴールではありません。子どもの数だけ「この子のゴール」があります。ゴールを「点」ではなく「線」で捉える感じです。少なくとも教科としてのゴールを明確に定めておくことで，寄り道をしている子どもや方向からそれた子どもへの適切な声かけもできるようになります。なにより，ゆとりをもって子どもの学びの様子を見られるようになります。子どもがどのような学びの方向へ向かうのか，それを見据えて子どもの学びを支えやすくなるでしょう。

2　「この子」を位置付け，学びのあり方を追う

　「この子」の学びの跡を徹底的に追うようにします。例えば「この子」の様子を記録したり，「この子」の表現を吟味したり，「この子」と他の子の関わりを見出したりすることです。「この子」の見える様子から，見えない内面を見るように心がけます。

　「この子」の学びの跡を追う時に図6のようなものをイメージしておくとよいでしょう。

　「この子」がどのような見方・考え方を働かせて，どのような学び方でどのように思考しているのか，見えやすくなります。「この子」にとってはどの側面が強いのかを見られるようになります。もちろん，子どもの様子から

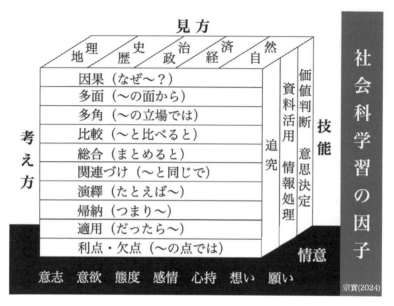

図6　社会科学習の因子

新たな因子をつくっていくことも必要です。ちなみに，図6はすべて目の前の子どもの様子から導き出し，構成していった因子となります。

3　長いスパンで考える

「この子」らしい学びは，長いスパンでこそ実現されるものだと捉えておく必要があります。究極には現時点の学びのずっと先，「この子」の人生レベルで考えておく必要があります。教育の目的はそこにあるので，「この子」のより良い姿のイメージを描けるよう，視座を高くして見ていく必要があるでしょう。

1時間で完結するものと考えるのではなく，少なくとも単元の中でどう育てようか，どこと結びつけようかなどを考える必要があります。じっくりとじわじわと醸成していくイメージです。その一つの方法として，授業をオープンエンドで終え，授業と授業の「間」を生かして子どもが自分の学びを進めるように促します。その「間」でこそ，「この子」の個性的な追究やこの

子「らしい」学びが展開されます。

　授業は「この子」の学習のきっかけにすぎません。

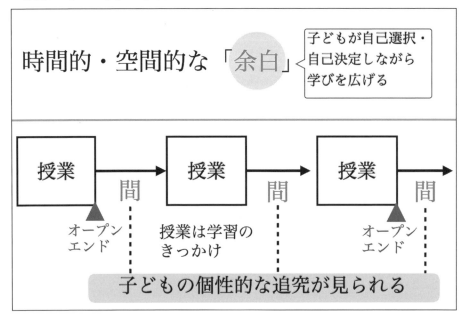

図7　「間」と「余白」

〈参考資料〉
・北俊夫（1996）『「生きる力」を育てる社会科授業』明治図書
・明治図書（1995）『教育科学　社会科教育7月号』
・澤井陽介・中田正弘・加藤寿朗・宗實直樹（2023）『これからの社会科教育はどうあるべきか』東洋館出版社
・上水内教育会研究調査部編（1994）『重松鷹泰講演集 歩み続けむ』上水内教育会

（宗實　直樹）

社会科
「個別最適な学び」
授業デザイン
小学校編

1

3年　わたしたちの市の歩み
教材・単元づくりを見直す
―子どもたち「らしさ」に合わせる―

1 ┃ 教材研究と単元デザイン

❶単元目標

　3年生の3学期の最後の単元では，自分たちの住んでいるまちの昔と今を比較する内容となっています。3年生にとっては難しい時間軸を扱います。ですが，"今"子どもたちが住んでいるまちは，先人たちが歩んできた積み重ねの上に成り立っています。そうした背景を感じ取りながら，これからの地域を担っていくのは自分たちだ，と意識できるようになってもらいたいと考えています。

　この単元は，昔と今を『比較』する学習となっています。社会科の学習では，物事を『比較』する思考が大事になってきます。例えば，4年生では，県内それぞれの様子，5年生では暖かい土地と寒い土地の様子，6年生では時代ごとの政治や暮らしの様子と『比較』するという視点で見ると，よりその特徴が見えてきます。こうした学習につなげていくためにも，3年生の最後の単元で，この『比較』する目をしっかりともって次の学年に進んでほしいと考えました。

❷単元計画（全18時間）

　教育出版の教科書を見ると，わたしたちの市の歩みは，二つの小単元から構成されています。前半は，昔のくらしや道具を学ぶ「かわる道具とくらし」，後半は，自分たちの街の昔と今の変化を学ぶ「市のうつりかわり」です。前半は昔の道具を子どもたちが調べていく活動となっているため，個別の学習を中心に進めました。後半は，学習内容を焦点化して扱うために，協

働学習を中心に進めました。このように学習内容に合わせた展開を考えることも大事だと考えます。

「かわる道具とくらし」

時数	主な学習活動
1	導入
2〜4	同じ課題を個別の学びで進める。
5〜7	違う課題を個別の学びで進める。
8〜10	違うテーマを個別の学びで進め，交流する。

「市の移り変わり」

11〜12	芦屋市の様子の移り変わりをとらえる。
13〜15	クラスの学習の様子からそのクラスに合わせた課題を学習する。（詳しくは，次の「2「わたしたちの市の歩み」個別最適な学び成功のポイント」にて説明）
16〜17	学んだことをグループでまとめる。
18	お互いに発表・振りかえる。

　「かわる道具とくらし」で何度も学習したことをまとめて，伝えるという経験を重ねることが，「市の移り変わり」の最後のグループ活動に生きてきます。それぞれの課題では，伝える相手が変わっていきます。同じ学年でも，「相手は自分が調べたこと，学んだことを知らない」ということは，子どもたちにとって責任感をもって準備をしていくモチベーションにもなりました。

❸単元をつくるにあたっての教材研究について　●━━━━━━━━●

　3年生の社会科では，子どもたちが住んでいる地域を教材として取り上げていきます。そのため，地域を研究することが不可欠です。

　教材研究のポイントは，『年間の見通し』と『日常的な情報収集』です。教材として取り上げるものを見つけるためには，一年間の学びのどこに位置付くのか，自分の中にもっておくことが大切です。

第2章　社会科「個別最適な学び」授業デザイン　小学校編　29

教育出版の例だと，市の様子，店ではたらく人，畑または工場で働く人，警察・消防署の人，わたしたちの市の歩みという単元が設定されています。市の様子は，公共施設や交通，土地利用といったその市の特徴を捉えます。勤務校に赴任した時から，これらを踏まえて，市内を巡ったり，ホームページを見たりしました。中でも今回役立ったのは，市の広報です。市が発行している広報から偶然，芦屋市が国際文化住宅都市に指定されていることを知ることができたのが，今回の単元をつくるきっかけとなりました。また，資料としても，おおいに活用させていただきました。実際の人に話を聞くことも大事です。芦屋駅の南側再開発問題については，市役所の担当の方にお話を伺うことができました。このようにして得た情報を４月から温めておき，子どもたちと社会科の学びを積み上げながら三学期を迎えました。

2 ｜ 「わたしたちの市の歩み」個別最適な学び　成功のポイント

❶学習方法をくり返し使う

　「かわる道具とくらし」の小単元でのポイントは，「子どもたちが学び方が分かり，自分で学習を進められる」ように，似たような活動を繰り返すという「単元のデザイン」（勘所３）をしました。

　これまでの学習の中で，子どもたちが自分で課題や方法を「選択」する機会というのは，中々とれていませんでした。この単元では，自分で調べたことをまとめるという学習を何度も繰り返す中で自分で学びを調節しながら進めることに慣れていくことができると考えました。

　前年度，同じ小単元で，同じように子どもたちが課題に取り組んだ時には，上手くいかない子どもがたくさんいました。その原因を探っていくと，「子どもたちの学びを進める経験不足」と「それに対する教師のスモールステップの手立てがなかった」ことです。前年度は，子どもたちに大きく投げすぎたため，実際に学習を進める段階でかなりの子どもが，どうすればいいか困っていました。個別の学びを進める中で，教師が個別の配慮や対応をするこ

とは大事ですが，全員にそれができるわけではありません。そこで，子ども
たち同士が繋がって，何か困っていたらアドバイスをもらったり，一緒に進
めたりしていく環境を整えるようにしました。大勢の子が学習の見通しをも
ち，やり方も分かっていれば，自然と助け合いながら学びを進めていきます。
今回は交流する時間を取ることで学習の見通しがつき，子ども同士でやり方
を学ぶ機会ができました。その結果，多くの子どもが自分の目標をもって学
習を進めることができていました。

❷クラスの様子を見て教材を選ぶ

本単元では，クラス単位での個別最適を探るために，クラスの興味関心に
応じて教材を変えるようにしました。つまり，クラスの実態に合わせた「学
びの複線化」（勘所5）です。

勤務していた学校では，社会と理科を学年の先生同士で交換して授業を行
っていました。私は，社会の担当として，自分のクラスともう一つのクラス
で授業をしていました。前の小単元の学びから，クラスによって子どもたち
の興味関心・まとめ方の傾向などが見えてきました。私のクラスでは，昔の
ことについて関心をもっている様子が見られました。特に「かわる道具とく
らし」で，戦争の時の暮らしのことに注目している子どもたちが多くいまし
た。一方，もちかえで授業をしているクラスでは，「かわる道具とくらし」
の導入の段階で，「未来のことも考えたい！」と言う子どももいて，将来の
社会の様子について興味をもっている傾向がありました。

一般的に教科担任制の授業では，どのクラスでも同じような授業展開をす
ると思います。私自身もそれぞれのクラスで同じような授業をしていました。
しかし，子どもたちの実態はクラスによって違います。教材に対する反応や
思考もそれぞれです。以前お話をお伺いした志田倫明氏は，子どもたち一人
ひとりのその子「らしさ」を大切にして，クラスごとの「らしさ」に応じて
授業をつくることをお話されていました。算数科では，問題に対する考え方
で子どもたちに合わせることができました。社会科で子どもの思考に合わせ

第2章　社会科「個別最適な学び」授業デザイン　小学校編　31

ようとすると,「教材をどのようにするか?」という問題になりました。資料を提示する順番を変えるなども試してみましたが,そもそも子どもたちの思考と合った教材から変えていく必要があるのではないかと考えました。クラスによって,教材を変える時の問題は,2つあります。1つは,「何をねらってその教材にするか」です。教材を変えるからといって,クラスによって社会科の授業でねらう目標が変わるわけではありません。今回の場合は,昔と今という時間軸で比較することがねらいです。そのねらいに合った2つの教材をそれぞれ取り扱いました。もう1つは,教材研究です。クラスそれぞれで合わせた教材研究をしようとすると,単純に量が二倍必要になることです。これは,いざやる時から情報を集め始めていたのでは質のいい授業にまとめることは難しいです。幸運なことに,私は2年連続3年生の担任をもつことができ,前年度にした教材がありました。2年間かけて芦屋市について何か教材にできることがないかとアンテナを張り続けていたおかげで,クラスごとに教材を変えることができたのです。当該学年ではなくても,日常の中で「これは教材になるのではないか?」と意識しておくことで,子どもの学びたいが見えた瞬間に備えることができると考えます。

3 「わたしたちの市の歩み」授業展開プラン

『かわる道具とくらし』

1時間目

導入では,携帯電話を事例に,昔のものとの比較を一斉指導で行いました。調べる時の検索の仕方や視点もここで共有します。まずは,写真を提示します。それぞれ,どんなふうに変わってきたのか?と変化に目を向けます。そこでイ

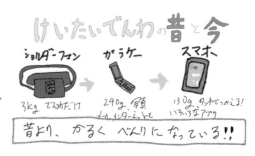

ンターネットを使った調べ方を紹介します。子どもたちが検索する時は，慣れていないと文章で調べようとします。こうした検索の仕方も指導していくことが必要となってきます。ここでは，教師が実際に検索してみせます。「けいたいでんわ　昔　今」とキーワードの間にスペースを空けることを見せます。事前に見つけておいたちょうどいいサイトを開いて携帯電話の変遷を見せます。さらに，足りない情報を見つけた時の深く調べる時のやり方も見せます。この時は，スマホの重さだけが出てこなかったので，「スマホ　重さ」というキーワードで調べる様子を紹介しました。そして，どのようにまとめるか参考になるように見せます。

2〜4時間目

　まずは，共通テーマとして，「洗濯機」の昔と今を調べました。調べ方には，教科書，図鑑といった本を使う方法とタブレットを使う方法を選ばせ，まとめる時も，アナログかデジタルかを選ばせることで，調べ方やまとめ方を友だちとすぐ比較したり，協力したりすることができます。2時間で調べて，1時間は交流するという3時間の構成です。この時の勤務校では，図書館教育に力を入れていたこともあり，昔の道具を調べるのに必要な図鑑が十分な数揃っていました。この時，タブレットを使いたがる子がいますが，調べる時間は2時間と限りがあるため，どうしても調べきれなくなります。しかし，このような状況下において，図鑑の方が見やすいことに気づく子どもがいたり，必要な情報を見つけるのが上手くなる子どももいます。こうした経験を重ねて自分の学びを調整していくことが大切です。

5〜7時間目

　次は，自分で調べたい道具を設定して，活動しました。この時は，コンロやテレビといった分かりやすい家電を調べる子もいれば，ゲーム機など年代が少し分かりにくいけれど自分の興味関心があるテーマを設定している子どももいました。特にこの時間では，テーマを決めることが課題でした。子どもたちは自分で学ぶ対象を選ぶという経験が少ないです。クラスによっては，候補をいくつか出しておいてそこから選ぶなど，子どもたちの実態によって，

第2章　社会科「個別最適な学び」授業デザイン　小学校編　33

柔軟に上手く変えていくことも大事です。

> 8～10時間目

次は，道具以外のことを調べていきます。子どもたちと相談して，食事，服装，住宅，遊びの4つのテーマを設定しました。そして，班でそれぞれ担当するテーマを決め，後で交流するジグソー学習としました。

『市のうつりかわり』

> 1～2時間目

市のうつりかわりを人口，土地利用，交通，公共施設の観点からを確認しました。人口以外の観点は，一学期「市の様子」の学習をそのまま生かすことができます。人口の変化に目を向けると，芦屋市が，急速に人口が増えたタイミングが見えてきます。それには，当時の国鉄，阪急，阪神の3つの鉄道により，神戸，大阪との行き来が便利になったことにより農地だったところが住宅地に変わり，人口が増えたことが分かります。そして，人口が増えたことで小学校（公共施設）が徐々に増えていきました。つまり，これらは全て繋がっていたという関係性が見えてきます。

> 私のクラスの3～5時間目

戦争があった時からの復興を扱います。まず，資料集にあった戦時中の写真や資料から一番驚いたところを選ばせます。すると，子どもたちからは戦争での苦しい生活や空襲によって芦屋の町に大きな被害が出ていたことに注目しました。その後の町の人たちが，戦後町を立て直すために，「国際文化住宅都市」という法律を決める住民投票があったことを紹介しました。世界に誇れる町，外国の人にとっても住みやすい町を目指すということを芦屋の住人で決め

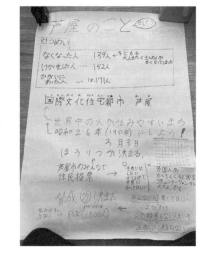

た結果，今の芦屋市は全国でも外国の人が住んでいる割合が高く，その方々の満足度も高くなっています。しかし，文化の違いなどの問題がないわけではないことも確認しました。これらのことを踏まえて，これからの町を担っていく自分たちはどうするか考えていきました。

もちかえのクラスの3～5時間目

現在のJR芦屋駅の再開発問題について取り扱いました。現在芦屋市ではJR芦屋駅の南側を再開発する計画が進められています。現在南側は道幅が狭く信号もないため，交通面で非常に危険な状態であることが指摘されていました。そうした中で，南側を整備し，駅前として商業施設や公共施設をつくり，駅周辺を活性化させようとしています。これを紹介した時，多くの子が賛成していました。しかし，駅の周りに住んでいる人たちや今あるお店が別の場所にいかないといけません。また，この計画は，ずっと持ちあがっていましたが，阪神大震災の影響などで中止された過去があります。このように，反対する意見もあり，予算案が市議会で否決されたというニュースがありました。これらのことから，町の人たちみんなが納得できるにはどうしたらいいかを考えていきました。

6～8時間目

それぞれのクラスでの課題をお互いに伝えるために，グループで発表しました。多くのグループは模造紙を使ってまとめていました。中には，資料を使うために，タブレットから印刷したものを模造紙に貼って活用するグループもいました。

お互いに学んだことを交流した後に，「町をつくっていくのには，何が大事か？」と問いました。「みんなにとって何がいいか考えていくこと」。子どもたちにはこれからも自分たちの町を考え続けてほしいと

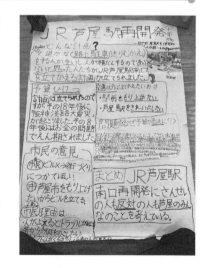

第2章　社会科「個別最適な学び」授業デザイン　小学校編

伝えて授業を終えました。

4 「この子」の育ちと評価のポイント

　まずは，「かわる道具とくらし」でのAさんの様子です。Aさんは，どちらかというと一斉授業の中では，受け身になる方の子です。彼は，洗濯機の調べ学習をする時には，仲のいいBさんとCさんの3人で調べていました。彼にとっては安心して学べる関係だったとともに，情報を集める面白さに目覚めたようでした。単元の最後の住宅について調べる時には，ノートにびっしり調べたことをまとめていました。情報を精査する段階には至りませんでしたが，彼のそれまでの学びの姿と比べて大きな成長を感じました。個別の学びをしていく上で，到達したい姿をきちんと設定することは大事です。一方で，ある子の成長をその子に合わせて見取ることも大切だと思いました。

　DさんとEさんは，調べ学習をまとめる際に，一貫して手書きでまとめることに拘っていました。タブレットで調べることとまとめることを同時にしようとすると画面をいちいち切り替えないといけません。2人はタブレットを図鑑のように使い，紙でまとめることで効率よく学習を 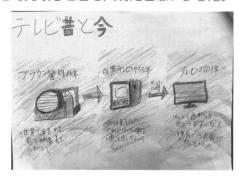 進めようとしていました。さらに，くらしの調べ学習では，インターネットや図鑑の写真を活用するためにタブレットのプレゼンアプリを使用していました。このように，2人はやりたいことに合わせて柔軟にやり方を選択していたのです。これはまさに，実現したい自分で学びを調整する姿でした。

　Aさん，Dさん，Eさんの姿は，活動を何度か繰り返す中で，その子「らしさ」やその子なりの「成長」が見えたと考えます。

　最後に，「市の移り変わり」でのFさんの姿です。Fさんはもちかえ先の

クラスの子どもです。JR 芦屋駅の南側再開発問題を扱う中で，再開発する メリットを学習した後，「再開発したらみんなにとっていい？」とクラスに 聞くと，ほとんどの子が「めっちゃいい！」と賛成する中で一人「え，でも …」という顔をしていました。その後，再開発の課題について学習すると彼 女はすごく納得したような顔をしていました。彼女は一面的に物事を見るの ではなく，いろいろな立場の人のことを考えているのでした。Fさんは最後 にグループでまとめたものにこう書いていました。「交通が良くなるのはい いと思う」。いろんな問題を考えつつも，再開発することの良さに彼女なり に寄り添っているようでした。もしかしたら，彼女のこの多面的に見る姿は， 戦後復興の事例でも現れたかもしれません。しかし，今の芦屋市で起きてい る問題を扱うことで，彼女やクラスの子にとってより自分ごとになって考え られていたように思います。

　クラスの一人ひとりが考えたくなる，学んで良かったと思えるように，そ の子「らしさ」やクラス「らしさ」が表れるよう，教師として常に教材を探 し続けていきたいです。

〈参考資料〉
・佐藤正寿監修（2023）『社会科実践の追究』東洋館出版社
・志田倫明著（2023）『算数授業のパーパス思考』東洋館出版社
・明治図書（2024）『教育科学　社会科教育　4月号』
・森川正樹編著（2023）『できる教師の習慣大全』明治図書

（松下　翔）

2 3年 横浜市のうつりかわり
子どもの知的興味をつくり出す
―知的好奇心をさらに高める学習過程―

1 教材研究と単元デザイン

❶単元目標

> 　横浜市の様子の移り変わりについて，人口や土地利用，交通や公共施設，生活の道具などの時期による違いなどに着目して観察・調査し，年表などにまとめながら，市や人々の生活の様子の変化を考え，表現することを通して，市や人々の生活の様子は時間の経過に伴い移り変わってきたことを理解できるようにする。また，市や人々の生活の変化について学習問題を意欲的に追究し，横浜市の発展について考えようとする態度を養う。

　本単元では，市の様子は時間の経過に伴ってどのように移り変わってきたのかを考え，理解できるようにすることをねらいます。本校でこの単元を行う上での課題として，横浜市は大都市であることから児童が市全体の様子を俯瞰しにくいこと，さらに3年生の子どもにとっては時間の流れへの追究（歴史的に見ること）が初めての経験であり自分自身で整理することが難しいこと，の2点がありました。そこで，身近な地域教材である横浜駅を扱うことで，その変遷を通して横浜市全体，あるいは日本のその時々の様子が見えるようにしました。また，身近な地域教材であるため，学区にある歴史資料（二代目横浜駅の遺跡等）を自分自身で調べ，知識を自ら系統づけられるようにすることもねらいました。

❷単元計画（全13時間）

時間	主な学習活動
1	○昔の二代目横浜駅の写真と今の同じ場所の写真を比べて気づいたことを話し合う。
2	○学習問題についての予想を出し合い，学習計画を立てる。
【3】	○【計画1】横浜市の人口や面積の変化を調べる。
【4】	○【計画2】土地の使われ方の変化について調べる。
【5】	○【計画3】人々の暮らしの変化を調べる。
6	○【 〃 】実際に洗濯板を使ってみる。
7	○【 〃 】道具の変化から暮らしの変化を考える。
【8】	○【計画4】乗り物や交通の変化を調べる。
9	○移動した二代目横浜駅について調べる。
10	○近くの平沼商店街について調べる。
11	○横浜駅をさらに今の三代目の場所に移動したわけについて考える。
12	○人口・面積，土地の使われ方，暮らし，交通の4つはどう関わっているのか考える。
13	○横浜市のこれからについて考える。

　子ども自身が見通しをもって自ら主体的に学習を進めていくことができるように，「横浜市の様子や暮らしは，何がどう変わってきたのか」という学習問題を見出す1時間目，その学習問題についての予想を出し合い，学習計画を立てる2時間目を大事にします。その2時間目では，「人口や面積の変化」，「土地の使われ方の変化」，「人々の暮らしの変化」，「乗り物や交通の変化」という大きく4つの視点に整理し，子ども自身が自ら「調べやすい」と感じるものから学習計画を立てるようにします。「いずれは子どもがこの問題解決的な学習のプロセスを進めることができるようにすること」を念頭に，少しでも子どもの自己選択・自己決定を尊重しながら決めていきます。

　また，4つそれぞれの学習計画への追究後に，毎回子ども自らが自身の学習状況を確認するようにします。そうすることで，さらに調べたいこと，今回は【計画4】についての「どうして横浜駅をさらに移動したのか」という問いを見出すことができるようにします。

第2章　社会科「個別最適な学び」授業デザイン　小学校編　39

❸単元をつくるにあたっての教材研究について

　いかにして子どもの知的興味をつくり出せるのか，さらに，いかにして子どもの知的好奇心を高めることができるのか，この2つを意識して単元をつくりました。

【単元全体で解決する学習問題の設定】
　「横浜市の様子や暮らしは，何がどう変わってきたのか。」という学習問題を子ども自身が見出せるようにするためには，とにかく子ども自身が自分ごとになって「横浜市が大きく変化している！」と実感できるようにすることが大切です。今回は，昔あった二代目横浜駅の写真と，今の同じ場所の写真（今はクラスの児童も住んでいるマンションになっています）を1時間目に見比べました。

【さらに調べたい問いを子ども自身で見つけられるようにする工夫】
　【学習計画4】で「乗り物や交通の変化」を調べます。路面電車はなくなりますが，自動車やバス，電車はどんどん増え，それに伴って線路や駅も増えていることを子どもはつかみます。一方で，自分たちの住む平沼のまちに，今はないけど二代目横浜駅や国鉄（JR）平沼駅，京急平沼駅という駅が昔はあったことに気づきます。横浜市全体では増えているのに，どうして平沼のまちでは減っているのか，子どもたちは疑問に感じ，実際に二代目横浜駅やそのすぐ近くにある平沼商店街を実際に調べに行くことになるのです。

　このように子ども自身で「分かったこと」を見つけながらも，「分からないこと」も見つける過程を大事にします。この疑問への追究後，さらに広い土地に大きな三代目横浜駅をつくることで，複数の路線が乗り入れるターミナル駅とすることが可能になり，より多くの横浜市民が便利になることに子どもたちは気づきました。

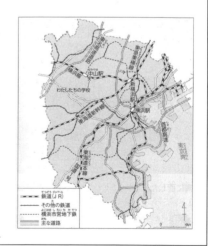

2 「横浜市のうつりかわり」個別最適な学び 成功のポイント

　子ども自身が自律的に学習を進められるようにするために大切な手法が「学びの自己調整」です（勘所8）。学習問題を設定し，その予想から学習計画を立て，理解度の確認をし，単元をふり返ります。本単元では次の図のように，予想A，B，C，Dの順に検証するための学習計画を立て，それぞれに対して「発展しているかどうか」という視点でふり返りました。つまり，「自らの学習状況を確認していく中で，さらに調べたいことを見つけていく」といったふり返り（理解の確認）をしていくことが大切だと考えます。

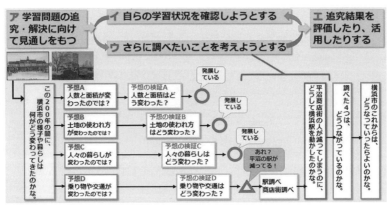

　さらに，「横浜駅が初代，二代目，三代目と変遷していくこと」と「横浜市全体の発展」とのつながりを考える本単元のように，複雑な教材をより子どもにとって身近なものにする手立ての一つが「学習環境」です（勘所13）。3年生の第1単元から，駅や線路への興味関心を高めるためにプラレールを教室に置き，まちたんけんの地図作りでも活躍していました。

　最後に，個別最適な学びにおける主語は「子ども」であるように，子ども一人ひとりの生活経験を見取り，そこを出発点としてその子の理解に導くようにするために重要なのが「『個』をさぐること」です（勘所2）。今回は座席表指導案に整理する中で，「その子」の理解を目指しました。

3 「横浜市のうつりかわり」授業展開プラン

❶学びの自己調整（勘所8）

　子ども一人ひとりが自己調整しながら学びを自ら進めていくことができるようにすること。そんな子どもの姿を目指して，3年生の最後の単元である本単元では，学習計画1～4の一つひとつに丁寧にふり返りをしていきました。つまり大事なのは，子どもたちが自己調整できる時間をしっかり確保することです。次の表は，上から「人口や面積の変化」，「土地の使われ方の変化」，「人々の暮らしの変化」，「乗り物や交通の変化」という大きく4つの視点ごとに子どもたちと毎時間，ふり返りをしていったものです。

　4つのうち，人口・面積や土地の使われ方，人々の暮らしはどれも発展してきたけれども，乗り物（交通）に関しては平沼のまちから駅が減っていることが分かり，疑問が残りました。この，単元全体の学習問題に対する予想

から学習計画を立てたときには見出せなかった問い，この問いを子ども自身で見出すことで単元後半の学びがさらに深まっていきます。理論編 p.133の表「興味の４段階モデル」における①や②の興味は，学習計画１～４の追究の中でももてますが，「③個人的興味の発現」や「④よく発達した個人的興味」については知的好奇心をさらに高めなければもてません。本単元では，乗り物（交通）の発展について疑問が残った後，今の三代目横浜駅の前の二代目横浜駅の遺構に見学に行ってかなり大きな駅だったことに驚き，さらに二代目横浜駅近くの平沼商店街について調べるとこの商店街も昔はかなり賑わっていたことをつかみました。調べれば調べるほど，「どうして当時は空き地ばかりだったところにわざわざ横浜駅をうつしたのか」について納得がいかない子どもたちの様子がありました。ここにこそ「よく発達した個人的興味」を見つけることができました。

❷学習環境（勘所13）

　横浜市の様子の移り変わりについて観察・調査する単元ですが，大都市であるという課題や初めての歴史的な学びということもあり，横浜駅の変遷という地域教材を扱いました。次の地図のように南から北に向けて２度移転しています。初代横浜駅は，東京から大阪方面へ向かう場合，スイッチバックせざるをえませんでした。また，二代目横浜駅は今の東京駅にも引けを取らない立派な駅でしたが，急カーブの途中に位置

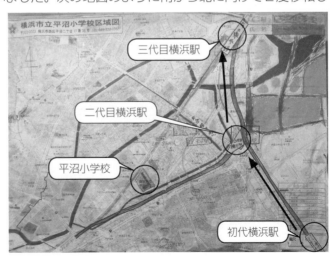

していました。そのあたりの理解が非常に難しく，教室には普段から次のようなプラレールを置いて興味を高めました。

（初代横浜駅）　　　　（二代目横浜駅）　　　　（三代目横浜駅）

　このような具体物の操作を自由にできる環境を整えておくことだけにとどまらず，地域教材の良さは，知的好奇心が高まれば実際に自ら直接現地に行って調べられることにあります。本単元でも，クラス全員での二代目横浜駅遺構見学や商店街見学以外にも，友達や家族と放課後や土日に何度も調べに行く子どもがいました。同じ視点で調べている子ども同士で一緒に行く様子も見られました。学習環境を整えること，そこに知的好奇心を高める学習過程を丁寧に位置づけること，どちらも個別最適な学びを目指すうえで大事な視点だと考えます。

❸『個』をさぐること（勘所２）

　個別最適な学びを実現するには，何よりもまず「個」の学び方を正確に丁寧に捉えることが前提となります。それぞれの子どもが何に疑問をもち，その疑問はどのような生活経験をもとに見出されたのかについても把握して授業にのぞむことで，その子の深い理解だけでなく，その子の学びをきっかけにさらに学びが深まる子どもたちが増えてきます。子ども一人ひとりの思考の道筋を追い，その良さをクラス全体に生かしていこうとする視点は今後より重要になってくるものと思われます。

　本単元では，学習計画④の後に新たに見つかった問い「近くの平沼商店街は賑わっていたのに，どうして空き地ばかりのところに横浜駅を移したのかな」について追究した11時間目に向けて，ポイントになる子どもの見取りを整理した座席表を活用して次のような指導案を作成し，授業に臨みました。

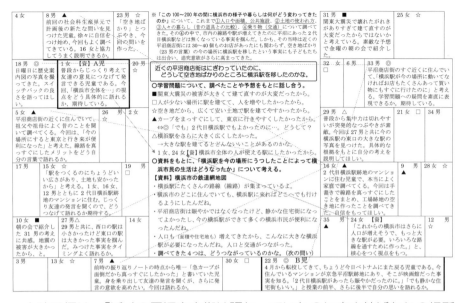

　本時目標は、「近くの平沼商店街は賑わっていたのに空き地ばかりの場所に横浜駅を移した理由について、各自が調べた事実や横浜市の鉄道網地図などをもとに話し合うことを通して、横浜市が横浜駅を中心に交通網を整備してきた意味について考えることができるようにする」です。授業の前半、子どもたちは学習計画1～4までの追究時にはもっていた「横浜市の移り変わり」の視点を一度は忘れ、「空き地への横浜駅の移動」のことばかりに気がとられ、「土地が安かったから」「人を増やしたかったから」「線路をまっすぐにしたかったから」といった理由を友達と共有していました。一方で、B児や33児は商店街すぐ近くに住んでいることもあり、なかなか納得できません。そんな中、じっくり友達の話を聞いていたA児が「横浜市全体を見てみると…」と発言し、視点を戻します。さらに24児が今一度横浜市の交通網地図を指し示し、ターミナル駅にすることの良さを語り始めました。

　このように、それぞれの子どものこだわり（個性）は結構強く、そこへの教師の理解なしには、「腑に落ちる」ところまでの子どもの理解は望めないように考えます。B児や33児のような「まだ納得できないんですが…」とい

った考えの表出の実現には，普段からしっかりと友達の発言に耳を傾けられる教室環境，教室の雰囲気をつくっておくことが欠かせません。その前提には，どんな発言にも教師自らが真剣に耳を傾けることが大切であり，結果的に子ども同士も真剣に耳を傾けるようになっていきます。

4 「この子」の育ちと評価のポイント

A児のノート記述を追うと，次のようになりました。

【第2時（学習計画を立てた際）後】

> 計画①の人口についてはどんどん増えていると思う。なぜなら200年前から今を見ていくと，どんどん家やビルが増えているから。埋め立てて，海も狭くなっていると思う。

【第3時（計画①：人口や面積に変化について）後】

> 私は地域ケアプラザがどうして増えたのかお母さんに聞いてみたら「ベビーブームの頃に生まれた人たちが今お年寄りになっているから」と分かり，なるほどと思った。こうやって人口も，横浜市の面積も増えていることが分かった。

【第4時（計画②：土地の使われ方の変化について）後】

> 家が1平方キロキロメートルの299個分も増えた理由は，21さんや33さんが言っていたように人口が増えたからだと思う。人口が増えると，家をつくらなければいけないから。

【第7時（計画③：人々の暮らしの変化について）後】

> 2つびっくりしたことがある。1つめは洗濯板の苦労。時間がすごくかかる。2つめは毎日毎日これをやっていたのは大変そうだと思ったこと。今の洗濯機は昔に比べて本当に便利だと思った。

【第8時（計画④：乗り物（交通）の変化について）後】

> 横浜市全体の線路は増えているのに，平沼にあった駅が減っているのはすごく不思議。平沼は使う人が減ったのかな。平沼にあった二代目横浜駅はどんな駅だったか調べたい。

このように，４つの学習計画への追究ごとに，「分かったこと」と「まだ分からないこと」を子ども自身の言葉でふり返ることにより，新たに調べていきたい問い（二代目横浜駅への疑問）が生まれていきました。年表を通して，その都度ふり返りをしていく中で，「自らの学習状況を把握し，学習の進め方について試行錯誤する」という子どもの学習調整を図る姿がありました。

　第11時では，Ａ児や24児の発言から，「乗り物（交通）の変化」が「人口や面積の変化」とつながりがあることが分かり，次の第12時では「その他の４つの視点ともつながりがありそう」という予想からこれまでの追究結果同士のつながりを整理しました。また，最後の第13時では，「横浜市のこれから」について，「横浜市中期４ヶ年計画」をもとに考えました。特にその４ヶ年計画の中でも鉄道網の整備について興味を示した子どもが多くいて，2025年を境に人口減少に転じる予想を知ったうえでその人口減少と関連させて，自分ごとにしながらこれからの横浜市のあり方について考えることができていました。

　本実践の主張点である，「知的好奇心をさらに高めた瞬間」は，学習計画１～４の追究結果のふり返りの場面（特に「まだ分からないこと」が見つかった【学習計画４】の追究結果のふり返りの場面）であることには間違いありません。しかし，本当の意味での「知的好奇心を高められた瞬間」というのは，教師の手立てのタイミングを超えて子ども自身のタイミングでこそ表出されるものだろうと考えます。本実践でもまさしくそうで，座席表指導案の左上に位置する23さん（☆マークの児童）のつぶやき「空地ばっかりじゃん」こそ，多くの友達の共感を得ていました。当時賑わっていた平沼商店街近くの二代目横浜駅をあえて移した場所，そこの写真は子どもにとって意外性のある「空地ばかりのところ」だったのです。その疑問を得た後の子ども一人ひとりの追究意欲はとても高く，次の授業時間までの土日には何度も現場に行って調べてくる子どもがいました。

（石川　和之）

3

4年 命とくらしをささえる水

上水道の「現在」の姿を理解する
―小さい選択と子どもの表現から―

1 教材研究と単元デザイン

❶単元目標

> 水道局の飲料水を供給する仕組みを調べることを通して，水道局が課題を抱える中でも安全で安定的に供給できるような仕組みをつくることや環境への取り組みを行うことで，地域の人々の健康な生活の維持と向上に役立っていることを理解できるようにする。

　人々の健康や生活環境を支える事業として「飲料水・電気・ガス」から選択して学習できますが，全国のほとんどの学校で「飲料水」が選択されているでしょう。４年生でのいわば定番の教材ですが，水道局は飲料水供給だけでなく，環境への取り組みを行ったり，水道管の地震対策や水道料金の見直しなどの課題にも取り組んだりしています。そのような水道局の「現在」の姿を子どもが理解することを目標としました。また，個々の理解を促進し，自律した学び手を育てる最初の一歩として，一斉授業を基本としながらも「選択」できる部分を取り入れること，OPP シート（一枚ポートフォリオシート）を活用することとしました。さらに，水道局の方（外部人材）との協力体制や浄水場見学という体験活動も有効に活用しようと考えました。

48

❷単元計画

時数	目　標
1〜2	学校にある蛇口の数や水道水の使われ方，使用量の変化や大阪市の水道水の給水量や使われ方などを調べることを通して，自分たちの生活と水道水との関わりについて関心を高め，学習問題を立てることができるようにする。（★）
3	水道水の経路を絵図や web ページなどで調べ，給水や配水のためのいろいろな施設や設備があることや，大阪市は琵琶湖淀川水系の豊かな水を水源にもつことを理解することができるようにする。
4	浄水場のしくみを大まかに知り，見学にあたり自分が何を見たいのか，知りたいのかを考える。（◎）
5〜6	浄水場の見学を通して水道水のつくられ方について調べ，浄水場の施設や設備とそこで働く人々の思いや願いについて理解できるようにする。（★・◎）
7	大阪市の水道の歩みについて調べ，大阪市が安全な水を安定して供給できるような取り組みを行ってきたことを理解できるようにする。（◎）
8	琵琶湖や淀川の水を守るためにどのような取り組みが行われているのか，文書資料や web ページで調べ，水源確保・維持の取り組みは計画的かつ多くの地域や人々の協力のもとに行われていることを理解できるようにする。
9	大阪市が浄水・給水以外にも環境のために行っている取り組みについて理解するとともに，地震対策の経費のために水道料金の見直しに迫られている水道局の課題の解決策を自分なりに考えることができる。（★）
10〜14	水道水が自分の元に届くまでの水道局の工夫や，自分たちにできることについてまとめ，プレゼンテーション形式で表現することができるようにする。（◎）

単元計画を作成するにあたり，こだわったのは以下の３点です。

①　体験的活動の有効活用

　幸いなことに，この単元実施の時期に浄水場見学ができました。毎年希望しても学習する時期には見学ができないことがほとんどでしたので，単元の中に適切に位置付けることを意識しました。ただ，浄水場の見学は，クラスごとに，水道局の方が解説されていることを聞きながら浄水場内を練り歩く方法です。そのため，ある程度仕組みを理解しておいた方が，意味ある体験的活動になると考え，浄水場の仕組みの概要を学習し，どこを自分が見たい

のかを考える第4時を設定しました。

② **外部人材の有効活用（★）**

　単元計画の段階から外部人材（大阪市水道局）とともに協働しながら授業を構想することができました。そのようないわば特殊な状況だからこそ，外部人材を有効に活用しようと考えました。実際に教えていただく第9時の準備の意味も込めて，第2時では授業の様子を見学していただきました。

　第9時は，大阪市水道局が現在進めている SDGs 関連の取り組みと地震対策としての水道管の強化を教材化しました。また第5〜6時の見学も一緒に回っていただき，子どもの疑問や質問にも個別で答えていただくようにしました。指導計画の中の（★）の印が外部人材が学校に来られた時間です。

③**小さな選択（◎）**

　子どもたちはこれまで個別での学習を経験していません。個別の問いをもとに追究していくような「学習の個性化」は難しいと判断し，まずは「指導の個別化」から実施しました。第10時からの4時間，学んだ内容を整理し，表現する段階での個別学習です。自律した学習者の初めの一歩という感じでしかありません。ただ，子どもたちの小さな選択ですがその「選択」場面をできるだけ生み出そうと考えました。指導計画では（◎）の印が付いている時間です。第4時では，見学で自分が見たいものを選択すること，第5〜6時では，見学によって見えてきた疑問を自分で選択し伝えること，第7時では，複数の資料から自分で選択して調べることです。第10時〜14時のまとめ方はすべて自分で考えます。資料も自分で選択します。また，毎時間の振り返りとしての OPP シートを活用しましたが，そのシートもパソコンでの入力か紙で手書きをしていくか（デジタル版かアナログ版か）の選択をできるようにしました。

❸**単元をつくるにあたっての教材研究について**　●━━━━━━━●

　今回は指導案作成の段階から外部人材（水道局の方）に参加していただきました。外部人材の「市を支える水道というインフラのことを正しく理解し

てほしい」「たとえ社会見学に来れなくても動画で見学と同じような感覚を得ることができるＰＣ用コンテンツをつくりたい」という願いと教師の「最新の資料がほしい」「現在の水道局の姿を子どもに提示したい」「直面している課題を子どもと共に考えたい」という願いを重ね合わせるために，水道局の方と Zoom の対話を計５回実施しました。そのおかげで「小学校での一日と一年間の水道の使用量の変化」といった子どもが身近に感じる資料や調べたりまとめたりするための動画や資料を示した一覧表などを作成していただきました。やりとりを繰り返す中で，専門的な領域が違うものの「子どもが意欲的に学習できるように」「子ども全員が分かるように」というねらいを共通確認できたことで，外部人材と子どもが接する機会を増やしたいと考えました。

　そこで第２時の学習問題を立てる授業を見に来ていただいたり，浄水場の見学にも同行していただいたり，第９時で授業をしていただいたりすることを調整しました。学習問題や１時間ごとの問いとは別に各自の問いが生まれても，外部人材の方がおられれば質問ができます。小さいことですが個別の学びの支えになると考えました。

　また，第９時では，あえて水道局が直面している課題について授業をしていただくようにお願いしました。地震に強い水道管にするために取り換えをしているのですが，１km取り換えるのに１〜２億円もかかります。市民が払う水道料金で運営する水道局としては，水道料金の値上げも視野に入れていく必要がでてきます。水の専門家にも課題・悩みがあること，そしてより良い解決をともに考えることができる教材は，個別最適な学びの先にある社会科としての目標と資質・能力の育成に寄与すると考えます。

2 「命とくらしをささえる水」個別最適な学び 成功のポイント

❶子どもが選択できる環境設定

<u>勘所5　学習の複線化</u>

　第4時では，副読本を使用して，浄水場の仕組みの概要を学習し，見学の際に自分が特に見てきたいもの，知りたいことを考え，ワークシートにまとめました（図1）。そうすることで，目的をもって見学に行くことができますし，「見学」という膨大な情報収集の中で焦点化した自分なりの体験活動を実現することができます。また，体験の際に聞くことができなかった個々の問いをまとめ，外部人材に送り，回答をしていただきました。

　第10時から第14時までの4時間は「まとめ方の複線化」の意味合いで実践しました。厳密にいえば，まとめ方が「パワーポイントのスライドにまとめる」「文章で書く」「図でまとめる」「発表して説明する」といった表現方法の違いが「複線化」の意味合いかもしれませんが，本単元の表現方法は「パワーポイントのスライドにまとめる」という一つだけの方法にしています。

　しかし，①学習問題「水道水がいつでもどこでもたくさん使えるのはなぜだろう」に対する自分なりの答えをまとめる，②授業で使用した資料・浄水場見学で撮影した写真のどれを使用しても良い，③毎時間の問いを使用して

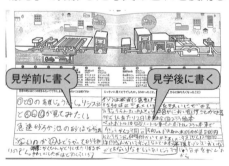

図1　見学用ワークシート（筆者作成）

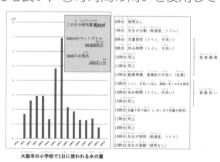

図2　まとめ用資料（水道局が作成した資料をもとに筆者が整理したもの）

も良いし，自分で変更して立てても良い，と内容はかなり自由度の高いものとして設定しました。授業で使用した資料は毎時間ごとにまとめて「まとめ用資料」（図2）としてクラスのTeamsにあげ，自由に活用できるようにしました。

❷OPPシートの活用
勘所2　個をさぐること
　一枚のポートフォリオシートは，「単元表」（理論編 pp.52-53）とほぼ同じ機能です。今回使用したOPPシートは，学習問題とそれに対する予想（仮説），学習問題に対する自分なりの答え，学習内容と自分の学び方の変容について，毎時間の「一番大切だと思ったこと」「自分の学び方について」を記入します。ICT端末でもエクセルが記入できる書式も用意し，子どもたちが選択できるようにしました。「勘所8　学びの自己調整」（理論編 pp.127-137）にも通じると思います。OPPシートの書きぶりや書いている様子などから個をさぐります。特に「自分の学び方について」などはこれまで経験もなく，書きにくいと予想し，「集中して取り組むことができた」「〇〇さんの意見が参考になった」「自分の考えを言うことができた」などの例示を示しました。いずれにせよ，子どもたちにとって初めての経験ですので，無理のないようにと考えていました。子どもたちには「学習のりれき」という呼び名で説明しました。

3 ｜「命とくらしをささえる水」授業展開プラン

❶体験活動による個々の学び
　第4時であらかじめ見学の内容や視点を絞っていたからこそ，有意義な体験活動になっていました。だからこそ，見学後の質問タイムでは，多くの質問が出ていました。しかし，時間切れですべての質問に回答していただく時間がとれませんでしたので，後日，質問事項を学校でまとめ，外部人材の方

へ送りました。質問事項は合計17個で，１つひとつ丁寧に回答していただきました。写真付きでの回答もあり，回答はクラスの Teams で共有しました。

❷外部人材の活用

　第９時の前半は，私が授業者として水道局の環境に対する取り組みが理解できるように授業をしました。後半は「水道局でも悩んでいることがあるようです」と水道局の方を紹介し，授業を進めていただきました。第２時に授業を見てくださったり，その後も密に連絡をとったりしていましたので，自作のパワーポイントを作成してくださいました。耐震用の水道管工事の費用に経費がかかり，全国的にも安い大阪市の水道料金を上げざるを得ない状況に来ていること。「水道料金を上げたほうが良いか？上げないほうが良いのか？」を子どもたちに投げかけてくださいました。子どもたちは「水道について様々なことを教えてくれる専門家」という学ぶべき存在の方の悩みが，子どもの社会参画意識を刺激していました。ねらいをもった学習材としての外部人材と考えています。（理論編 p,172）

　最終的には「水道料金を上げない派」のほうが少し多かったのですが，「学習のりれき」に「値上げをすると市民のくらしが苦しくなる可能性があるけど，値上げをしなかったら水道局の人が困るのでとても迷いました」「水道局が今ピンチなのが分かって，ぼくはちょっとずつ料金を増やしていけばいいと思いました」といった子どもが獲得した事実的知識をもとに，ある程度実現可能な提案になっていました。

❸単元のまとめ

　学習問題に対する自分なりのまとめをパワーポイントで表現しました。毎時間の問いとまとめを参考にすること，学んだことをもとに自分がこれからどのように飲料水に関わっていくのかという自分の考えを必ず入れることを条件にし，ICT 技能向上も兼ねているため，子どもたちの試行錯誤を保証す

る4時間を確保しました。また，「見える事実だけでなく，見えない事実，それは『なぜ』で考えたこと」なども説明しました。

しかし，案の上，アニメーションだけに凝ってしまう子や事実的知識だけをまとめ，

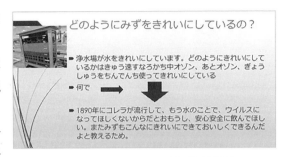

図3　子どものまとめの例（筆者抜粋）

自分の考えがないものもありましたが，その都度支援をしていきました。まとめることが難しい子はやはり友だちの表現を参考にしている様子がありました。パワーポイントを使っての本格的なまとめは今回が初めてでしたので，苦労している子もいましたが，子どもはすぐに習得していくものだと改めて実感しました。（図3）

❹学習のりれき（OPPシート）

　Excelによるデジタルを選んだ子とアナログを選んだ子はちょうど半々くらいでした。毎時間の振り返りでは「一番大切だったと思うこと」であり，長文を書く必要はないので，苦手な子でも取り組めている様子がありました。ただ，「自分の学び方」の振り返りについては難しそうでした。すべての項目で「発表できた，発表できなかった」のような記述になっている子もおり，もっとこの内容に関する問いかけや事例のアドバイスが必要だったと痛感しています。

「学習のりれき」がどうだったかについて単元の最終にアンケートをとりました。「自分はこんなことを思ったんだと

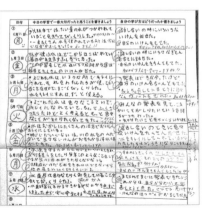

図4　学習のりれき　アナログ版の一例
（筆者抜粋）

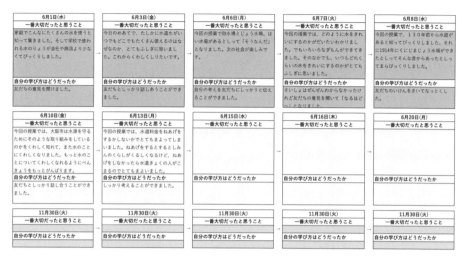

図5 学習のりれき デジタル版の一例（筆者抜粋）

自分のことを知ることができました」「自分の成長を感じた」といった自分の変容，「書くのが楽しかった」といった意欲向上，「水道局のことについてよく分かった」といった内容理解，「先生のコメントがうれしかった」といったコメント，「難しかった」「書くのがたいへんだった」といった難しさ，の主に5つに分類することができました。詳細は表1

表1 「学習のりれき」についてどうだったか（N＝65 筆者作成）

カテゴリー	割　合（％）
自分の変容	26%
意欲向上	26%
内容理解	37%
コメント	5%
難しさ	6%

の通りです。肯定的な回答が94％なので「学習のりれき」をやる価値は大きいと考えます。何より授業中の形成的評価では分からない子どもの姿を探ることができます。

4 「この子」の育ちと評価のポイント

Tさんは，授業中にみんなの前で発言することは全くありません。場面緘

黙に近いので，学校においてもクラスのごく少数の子たちとコミュニケーションをとるだけです。対話的な活動においてもほぼ発言することはないのですが，周りの子たちがそれを受け入れています。Ｔさんがどのように学んでいるのか，それはＴさんが表現したもの，今回の学習では「学習のりれき」と単元最終に実施したアンケートが中心です。Ｔさんからは，これまでの学習でも新しく学ぶことに前向きに受け入れる素直さを感じていました。そのため，その素直さを授業中の見取りよりも記述から探ろうと考えていました。Ｔさんはアナログ版の「学習のりれき」を選択し，授業の最後に時間をかけて書く様子がありました。学習内容を的確に捉える記述をし，「学び方」については，「自分の意見をもつことができました」「友だちの意見をきいて納得しました」と意欲の向上を感じさせる記述でした。アンケートでは，今回の学習を「きょうみをもって学習できた」を選択し，「水道局の人には大人になっても水はとても大切なことなどをたくさん教えてもらえました」と外部人材への感謝の記述であり，これがある程度想定していたＴさんの素直さの表れと言えるでしょう。「学習のりれき」については，以下のように書いていました。

> 「学習のりれき」を書いて，今までぜんぜん知らないことがいっぱい知れた。いろんな人の意見を聞けて「なるほど！」と思って，大事なことがわかった。「水の学習」で知れたことは大人になってもずっと頭のすみっこにおいておきたいです。

どのような手段であっても子どもの表現したものから何とかさぐっていきたいと考えています。

〈参考資料〉
・堀哲夫（2019）『新訂一枚ポートフォリオ評価 OPPA　一枚の用紙の可能性』東洋館出版社
・長岡文雄（1975）『子どもをとらえる構え』黎明書房

（石元　周作）

4 4年 地域で受けつがれてきたもの

2つの神楽を比較して見えてくる伝統
―社会を見るメガネを創る学び―

1 教材研究と単元デザイン

❶単元目標

　生活の中の受け継がれてきているものに目を向け，受け継がれてきている「人」「もの」「こと」の意味や価値を考え，より良い受け継ぎ方を考えることができる人になること

　私たちの身の回りには，たくさんの「伝統」があります。地域の祭り等ももちろんですが，学校でも「朝から6年生があいさつ運動をする」といった伝統があるのではないでしょうか。これは，学校にとどまらず，「二礼二拍手一礼」といった作法や朝礼で社是を唱和するといったことも見方を変えれば伝統といえます。昨今，こうしたいわゆる「伝統」は，やや「悪」と見られる傾向があるように思います。しかしそれは，意味や価値を考えようともせず，形だけを受け継ごうとしていることに問題があるのではないでしょうか。そこで，本単元では，「伝統を受け継ぐ」ことの意味や価値を学ぶ必要があると考えます。そして，自分自身も身の回りの「伝統」を受け継ぐ一員として，どう受け継いでいくのかを考える単元にすることで，楽しみながら学び，それを生活に生かすことができる子どもの育成につながると考えます。

❷単元計画（全10時間）

　第1時では，熊本県の神楽に興味をもつことができるように，県内の神楽が奉納されている神社の分布等の資料を提示しました。また，子どもたち自身も学校の伝統を受け継いでいることに目を向けることで，単元で学んだこ

とを日常に生かすという見通しをもつことができました。

　第2，3時では，神楽保存会の方に出会いました。2つの神楽に出合うことで，受け継ぎ方の共通点や相違点に着目することができました。

　第4，5時では，2つの神楽を受け継いできた人たちの思いや願いについて考えました。そして，それらを比較する中で，「受け継ぐ人がもっている視点」が明らかになりました。

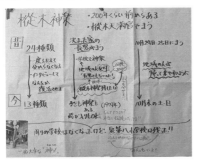 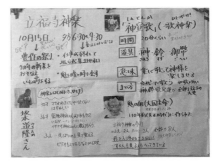

　第6，7時は，第5時につくった視点を生かしながら，学校の行事や部活動等，子どもたちが受け継ぎたいと思う対象について調べ，自分にできることを考えていきました。考えたことはシートにまとめました。

　第8時では，まとめたシートを第5時につくった視点を使って相互評価し合いました。その後，互いの評価について，自分なりの根拠を示しながら話し合いました。

　第9時は，シートを修正し完成させました。完成させたシートは本にし，図書館に置きました。誰もが学校の伝統にふれられるようにしました。

　第10時は，熊本県内の様々な文化財等には，どんな思いや願いが込められているのかを予想し合い，学習のまとめとしました。

❸単元をつくるにあたっての教材研究について

　私は，周りの人をほんの少しだけでも幸せにするために社会科を学んでほしいと思っています。これは，そんなに難しいことではありません。例えば，単元を通して作成していくパンフレット等を「誰かのより良い生活のため」

という目的意識をもって作るだけです。本単元では，「より良い学校にするために」単元を通して活動することを考えました。この活動をより良いものにするためには，「伝統を受け継ぐ」というメガネの解像度を上げる必要があります。前述したように，私たちの身の回りには，様々な伝統があり，それらをなんとなく前例踏襲で受け継いでいることもあるでしょう。しかし本来，その伝統には何かしらの思いや願いがあるはずです。目に見える「伝統」から，目に見えない「思いや願い」を見ようとすることこそが「伝統を受け継ぐ」メガネの解像度を上げるということです。このメガネは大人になっても使えるメガネです。すべての子どもたちが「伝統」と共に関わっていくために大切な単元であると考えます。

　これらの点をふまえ，教師も子どもも「おもしろい」と感じられるような教材はないかと考え，熊本県内に広く残っている神楽を教材にしようと思いました。決め手は，熊本県内160か所で神楽の奉納が行われている神社があり，それぞれの神楽保存会の神楽の受け継ぎ方が異なるという点です。受け継ぎ方が異なるということは，それぞれに受け継がれてきた背景や大切にしていることが異なるということです。子どもたちがそれらを比較しながら追究することで，「伝統を受け継ぐ」とはどういうことなのかが見えやすくなると考えました。また，正解のない「伝統の受け継ぎ方」を自分なりに選択・判断し，自分の生き方に活用できると思ったからです。提示する神楽は，熊本市の立福寺神楽と八代市の椎木神楽にしました。立福寺神楽は比較的昔のままの形を残して受け継がれている神楽であり，学校の近くで舞われています。椎木神楽は地域住民の反対にあいながらも，形を変えつつ受け継がれてきた神楽です。神楽を舞う人の年齢層や神楽を舞うための条件も違います。こうした違いは子どもたちの追究意欲をかき立てるものになります。

2 「神楽に学ぶ伝統の継承」個別最適な学び　成功のポイント

・子どもが「選択」できる単元デザイン【「学習の複線化」（勘所5）】
・自己評価のための視点の共創【「学びの自己調整（勘所8）」

　「選択」のある授業は子どもの自律性を高めることが分かっています。自律性とは，行動を内部から支持するものであり，行動が自発的に生じ，自分自身のものであるという感覚をもつものです。そのため，必要感をもって「選択」を行うことが重要です。本単元では，「受け継ぐ人がもっている視点」を活用する場面で「学習の複線化」を行いました。具体的には，自分が受け継いでいきたいと思う学校行事等を「選択」することができるようにしました。そして，「選択」した学校行事等について自分なりの受け継ぎ方等を書いたカードをつくりました。このように目的意識を明確にした上で「選択」することで，より必要感をもった「選択」ができると考えます。

　子どもが自己調整を行うには，「遂行段階」「自己内省段階」「予見段階」のサイクルを回していく必要があります。私は，「遂行段階」の「自己観察」と「自己内省段階」の「自己評価」に注目しました。例えば，カードを書いている最中に，Yさんは「私のカードには『「役割を残す」ではない』の視点が足りない。Sさんはどんなこと書いているの」とSさんと対話していました。このような姿を生み出すために必要なのは，拠り所となる視点であると考えます。その視点を教師が示すのではなく，子どもたちが実社会の人々の営み等から見出すことで，自分たちが使えるものになると考えます。

3 「神楽に学ぶ伝統の継承」授業展開プラン

❶学習の複線化（勘所5）

　より良い学校にするために，自分が受け継ぎたいと思う学校の伝統を「選択」できるようにしました。しかし，いきなり「選択」させるのではなく，「選択」する日をあらかじめ示しておき，その日までに友達と話し合ったり，教室に用意しておいた「125周年記念誌」などを参考にしたりしながら考えておくように促しました。大人も何かを「選択」するためには時間や材料が必要です。ですから，その後の充実した活動のためにも，「選択」させる前に，十分な時間や材料が必要だと思います。また，「選択」後に周りの友達が何をどのように学んでいるのかをいつでも見ることができる状態にしておくことも大切です。そうすることで，子どもたちは自然とグループをつくり，協働的に学び始めます。では，その間教師は何をしているかというと，伴走者として，じっくり子どもたちの学びの様子を観察したり，時には質問したりします。そして，子どもたち同士をつなぐようにします。例えば，「遠泳」について調べている子どもたちが「昭和30年代に中止され，昭和52年に復活した」という事実を発見し，「梻木神楽と似ている。復活したときはどんな願いがあったのだろう」という問いをもちました。その際に，このことを全体に共有し，みんなで考えたことで，梻木神楽と関連付けながら復活させるに至る思いや願いの強さに気づき，他の学校の伝統においても復活させたような事実がなかったのか探す子どもの姿がありました。

　個別最適な学びではありますが，個の学びに閉じるわけではありません。個の学びを全体に拡げ，全体の学びを個に返していく営みが，「個別最適な学びと協働的な学びの一体的な充実」につながるのだと思います。つまり，個の学びはある意味，終着点だと言えます。全体の学びのための個の学びではなく，全体の学びこそが，個の学びの充実のためにあるものだと考えです。「何のための全体の学びか」を考えることも，個別最適な学びを考える上で

大切なことだと思います。

❷学びの自己調整（勘所8）

　p61で視点の大切さについて述べました。ここでは，実際に子どもたちが視点を共創していった場面について紹介します。

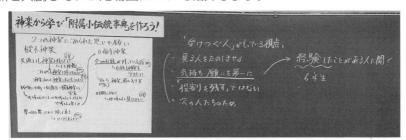

　子どもたちは，前時において2つの神楽の共通点と相違点について考えていました。そこで，あらためて「受け継ぐ人がもっている視点」とは何かを問いました。すると以下のようなやり取りがありました。

C：樅木神楽も立福寺神楽も見ている人が楽しそうだったから，「見る人を楽しませる」だと思う。
C：確かに見る人が楽しくないと誰も見なくなって受け継げなくなる。
C：私は，気持ちや願いが受け継がれてないと意味がないと思ったから，「気持ちや願いが第一」だと思います。
C：例えば委員会とかで，役割だけ残して何のためにやっているかがわかってなかったらダメだと思う。
T：なるほど「役割を残す」ではないということだね。
C：あと，樅木神楽が子ども神楽をやってるみたいに次の人たちのことも考えることも大切なんだと思う。

　このように，神楽保存会の方々の営みと自分たちの暮らしとを関連付けながら視点を共創していくことで，「伝統を受け継ぐ」際のメガネとなる視点

が出来上がっていくと考えます。この視点は，大人の私たちにとっても大切な視点だと思いませんか。単元で閉じないメガネができました。

4 「この子」の育ちと評価のポイント

　Yさんは，単元に入る前の事前アンケートで，「自分自身が受け継いでいるものはないと思う」と答えていました。Yさんは，口数は少ないのですが，とてもまじめで一生懸命な子どもです。そんなYさんも，受け継いでいるものはないと感じるほど，「受け継ぐ」ということ自体が子どもたち自身にとって距離のあるものだと考えます。

　導入では，2つの神楽から受け継ぎ方を学び，自分たちが受け継いでいる「学校の伝統」に生かしていくという学びの文脈をつくりました。Yさんは，その日の振り返りで右のように書いていました。すでに家庭や学校の受け継がれているものに目を向けることができ

> 1月29日（月曜日）
> 今日，12月にあった「私たちに受け継がれていること」のアンケートを，通して今日は，先生が考えた神楽についてしました。ちなみに，私は受け継がれているのは，着物そのあたりしかないかなと思いました。でも，おじいちゃんおばあちゃんちに，昔剣道をしていた，おじいちゃんがいて，その人の，前の人も扱っているのかわからないけれど，本物の刀が，2つあり，もう一つの刀が，本当に人が切れる刀で，それが加藤清正くらいの時代かな？と言っていました。（先祖が武士だから）でも，それも引き継がれていると思うから，どんどん次の世代の人に行って大切に受け継いでいるのかなと思いました。
> 私が，神楽について思ったことは神楽も，どんどん受け継がれてきているのですごいなと思いました。
> また，附属小学校も，そのような伝統があるし，今年で150周年を迎えるので，私たち，上級生の方々が受け継いできているので，改めて，すごさをわかりました。

ています。これまでほとんど見えていなかった「受け継ぐ」ということの解像度が上がった瞬間です。

　さらに，立福寺神楽保存会長さんの話を聞いた後には，PTAの方々の存在など普段見えない人たちにまで目を向けることができるようになりました。さらに「受け継ぐ」ことの解像度が上がっていることが分かります。こうしたYさんの振り返りは，授業の導入で紹介し，身の回りの「受け継ぐ」ことへの気づきや「見えないものを見ようとするこ

> 2月2日（金曜日）
> 今日は、立福寺神楽の方がきてくださいました。
> 色々な、質問に答えたり、話してくれて、私がびっくりしたこと
> 　　　　　　　　（中略）
> 　今日は、おおまかに、坂本さんの苦労、努力、がわかりました。付属小も、PTAなどの方、みんなで、支えてくれているんだなと思いました。

と」を価値づけていきました。

そして，研究発表会当日（第5時）には，授業を参観しに来られていた佐賀県の先生から佐賀県の伝統を聞くなど，県外の伝統にまで関心を高めていました。そして，右が単元終了時の「遠泳」のカ

> 6年生にインタビューしてみたら，「他の人が頑張っているから」などの回答をもらいました。108人が完泳できるように頑張ろうという思いが強いと思いました。そして，次の5年生にも頑張って泳いでほしいと言っていたので，やっぱり受け継ぐ思いが強く，でも，やっぱりきついのもあるのかなと思いました。きついけど，形を変えずに復活させてまで残ってきているのは，こういうきつさを乗り越える経験をしてほしいのだろうなと思いました。
> 　資料を調べたりインタビューして，思ったことは，もうすぐで，いろんな伝統を受け継ぐ立場になるので，インタビューしたことを忘れずに，低学年のことを思いながら受け継ぎたいです。

ードに書かれていたYさんの「思い」です。Yさんは，神楽の受け継がれ方を学ぶことを通して，自分自身がどのように学校の伝統を受け継いでいくのかを考えることができるようになりました。また，このカードには伝統を受け継ぐことの目的も言及されています。

Yさんの学びは，振り返りや授業中の話し合いの様子，「遠泳」のカードを基に評価していきました。特に振り返りには，その子らしさが表れます。Sさんは自分が分かったことを何かに例えることで，みんなの共感を得ることが得意です。Mさんは，人の気持ちを理解するために，自分の経験と結びつけることが得意です。このような，一人ひとりの理解の仕方が随所に表れた振り返りを活用して価値づけることが大切だと思います。また，「受け継ぐ人がもっている視点」は，そうしたその子らしさをつなぐ役割があると思います。たとえ，追究している事象が異なったとしても，同じ視点についての気づきは，自分の追究に生かされることが多いからです。

その子らしさを認め，拡げ，生かすことができるようにすることが，個別最適な学びを楽しむ子どもの育成につながると考えます。

〈参考文献〉
・石井英真著（2020）『授業づくりの深め方』ミネルヴァ書房
・中山芳一著（2023）『教師のための「非認知能力」の育て方』明治図書
・ディル・H・シャンク他編著／塚野州一編訳（2009）『自己調整学習と動機づけ』北大路書房

（村上　春樹）

5 5年 情報化した社会と産業の発展

『問い』を生み出す伴走者・生成 AI
—『問い』を深掘りする学習環境づくり—

1 | 教材研究と単元デザイン

❶単元目標

> 大量の情報や情報通信技術を活用されている産業の例を調べることを
> 通じて，その活用が産業を発展させ，国民生活を向上させていることに
> 結びつくという仕組みの理解を獲得できるようにする。

小学校5年の社会科では，国内における産業の様子を学び，各産業には
人々の工夫や努力が結実して発展していることを理解します。同時に，今後
の社会においての課題もあげられ，さまざまな視点からこれからのあり方を
考えていく必要があるということも，理解できるように学びます。

情報通信技術の革新が目まぐるしい現代において，教科書や資料集だけで
は情報が古くなってしまう時代になっています。情報通信技術に関する課題
に触れるときには，少なくとも教師は最新の情報に触れて，子どもたちがそ
のような情報を取り上げることも想定して，興味・関心を育てていきます。

子どもの関心に応じた課題を設定する際に，小学生は情報活用能力の育成
の初期段階です。インターネットの web 検索結果をトレースするだけで終
わってしまう悩みもあります。そこで，生成 AI を活用することで，個別最
適な学びを実現する対話を，web でも実現できないかと考えました。

❷単元計画（全14時間）

①の目標から『理論編』の勘所4「『問い』の吟味」に着目しました。
「『問い』を子どものものにする」「子どもを発問者にする」学習の達成のた

めに，30人近い子どもの個別の学習課題に応じるには，限界があります。

ICT の活用は，勘所11「ICT の活用　1人1台端末」にもあるように，「その子の学びの関心に合わせて，その一歩先の学びに誘うツール」（理論編 p.158）としても有効活用が期待されています。

そこで，本単元では，「検索と学習材の収集」の観点からも，小学生でも活用できる「プログルラボ」（https://labs.proguru.jp/）の生成 AI を使用しました。子ども自身が対話する相手を増やすことで，今まで以上に『問い』が生まれた際，誰かと対話するチャンスが増えるのではないかと考えました。

また，子どもたちにとって，SNS 等のパーソナルメディアの影響力は非常に大きく，影響を与える度合いは大人の考えとは異なるものであるといえます。そこでまず，情報が人々に与える影響を学び，その媒体は教科書に掲載されているだけでない現代の状況を学ぶことを追加しました。情報を活用して学習することで，自分自身の生活と同じように学びも進化していることを体感できるようにしました。

「情報を生かすわたしたち」（6時間設定）

　【つかむ：1時間目】前単元で行ったニュースづくりを通して，情報の発信で大切にしたいことについての話し合い活動をまとめる。

　【調べる：2〜5時間目】「情報活用のルールやマナーについて，体験活動を通して，気づきを増やしていく」ために生成 AI 体験と内容の真偽を検討する体験をして，その適切な利用の仕方を話し合う。

【まとめる：6時間目】

　メディアの情報活用の利点と課題を振り返り，見方を整理する。

↓

「情報を生かす産業」（8時間設定）

　【つかむ：1時間目】

自分たちも生成 AI を活用して，「産業は，情報をどのように活用して発展させているか」をテーマに，単元目標にそった調べ学習の課題を提示する。

【調べる：2〜7時間目】

情報を活用することで産業を発展させた事例を個別で調べる。

①　情報通信技術の活用例　②　活用されている背景・理由

③　活用している人々の思いや願い

を Google スライドで内容をまとめ，最後に「情報の活用が産業の発展に寄与している」ことを，概念的知識としてまとめる。

【まとめる：8時間目】

　放送教育を用いて提示する「販売業」という新たな事例も，上記内容を捉えて読み取れるかどうかテストする，ワークシートの形でまとめる。

　本来，この単元では，福祉・観光・販売などの産業を取り上げます。今回は，生成 AI を用いることで既習の内容を深められるかどうかを知るため，今まで学んだ産業に関する学習を振り返る学習設定にしてみました。

❸単元をつくるにあたっての教材研究について　●━━━━━━━●

　勘所11でも「子どもたちの学びの段階に応じて調べるものや調べる方法も変えていけるようにしたいものです。」（理論編 p.164）とあり，次々新しい情報活用の方法が増えてきます。

　生成 AI の導入については，先行実践を行っている学校の事例を参考にして，保護者に向けて目的を明示して案内をしました。小学校で子どもが生成 AI を実際に使用することは，難しさや懸念もあるので，「子ども自身の身近に生成 AI が存在し，容易に活用できる環境が学校外にもあること」「子どもが，生成 AI を『答えを出す』という万能な存在ではなく，現段階では様々なデータを踏まえたうえで『創造的なヒントを与える存在として有能なもの』という存在であることを学びながら使用していくこと」を踏まえ，子

どもの学習活動の「伴走者」として実践を進めました。

その際に利用した保護者向け案内の一部です。文部科学省のガイドラインやＱ＆Ａ，また実際の画面例・活用例を掲載しました。

子どもはまず，自由に対話を楽しみました。献立の作り方やいろいろな『問い』に答えてくれることに驚いたり，興味をもって話を続けたりしていました。しかし，地元に関する情報に間違いがあることを見つけました。情報の正確性において，

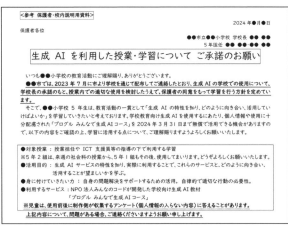

現段階では確実ではないということを知りました。AIが事実に基づかない情報を生成する「ハルシネーション」という現象です。振り返りを出し合った際，このような振り返りがありました。

> うその場合もたまに出てくることがわかったので，そういううその情報には十分に気をつけて使いたいです。うその情報を避けるために，生成AIを疑って聞いてみたり，Googleで調べてみたりしたいです。生成AIを上手に使えるようになりたいです。

ハルシネーションは子どもたちが生成AIに対して懐疑的，否定的になる懸念もありますが，こんな振り返りに納得している姿がありました。

> 人間でも間違えることがあるし，AIでも間違えることがあるので一緒なのかなと思いました。けど細かく指示したら，正確かは分からないけど動いてくれるし，使っていきたいなと思いました。

2 | 「情報を生かす産業」個別最適な学び　成功のポイント

●生成 AI の活用で，個別の『問い』のやりとりを活性化できる

　個別最適な学びを達成するために，一人ひとりの興味・関心を尊重するには，教師が一人で対応することは難しいです。例えば「調べ学習」では，こんな悩みに直面することが多いのではないでしょうか。

・子どもが本当に『問い』をもっているだろうか

⇒定型化しすぎると，一問一答に陥りがちになりワンパターン化してくる。自分の興味をもとに追究するようになってほしい。

・子どもがただ検索作業をしているだけになっていないか

⇒調べるだけで終わりにするのではなく，そこから生まれる新たな『問い』を生み出すようになってほしい。

・子ども間にある「差」をどのように対応していくと良いのか

⇒子どもへのアドバイス機会をたくさんつくりたい。また，解決したことを子どもたち自身が自信満々にみんなに報告できるようになってほしい。

　個別最適な学びの実現を目指して，「『問い』の吟味」（勘所４）を考えたときに，学びを支援する役割としての「伴走者」は，子どもにとっても一人でも多くいることが良いのは間違いありません。それには，「ICT 端末の活用」（勘所11）は必須です。

　今までは情報活用は，ただ検索するだけで終わっていた部分があり，伴走には人的リソースが必要でした。今回は，個別の相談相手に，教師だけでなく，生成 AI にも担わせられると考え，実践しました。生成 AI の活用は発展途中であり，その活用方法は議論があります。今後さらに有効な活用方法が開発されていくことでしょう。

3 「情報を生かす産業」授業展開プラン

❶ 学習評価の設定（勘所9「学習評価」）

「評価基準作成のポイント」（理論編 p142）を参照して，評価規準には，「生成AI活用による手立てで期待されること」を記しました。「知識・技能」面においては個別に興味ある題材を選ぶ一助になる点，「思考・判断・表現」面においては，追究する場面とそれらを解決する場面を明確に位置づけました。AIへの質問内容やスライドの「例が活用されている背景・理由」「例を活用している人々の思いや願い」から見取る手立てにしています。

5 評価規準

	知識・技能	思考・判断・表現	主体的に学習に向かう態度
小単元（東京書籍HPを参照）	①情報の種類、情報の活用のしかたなどについて、聞き取り調査をしたり映像や新聞などの各種資料で調べたりして、必要な情報を集め、読み取り、産業における情報活用の現状を理解している。②調べたことを図表や文などにまとめ、大量の情報や情報通信技術の活用は、さまざまな産業を発展させ、国民生活を向上させていることを理解している。	①情報の種類、情報の活用のしかたなどに着目して、問いを見出し、産業における情報活用の現状について考え表現している。②情報を活用した産業の変化や発展と人々の生活の利便性の向上を関連付けて、情報を生かして発展する産業が国民生活に果たす役割を考え、学習したことをもとに産業と国民の立場から多角的に考えて、情報化の進展に伴う産業の発展や国民生活の向上について考え表現している。	①大量の情報や情報通信技術の活用について、予想や学習計画を立てたり、学習をふり返ったりして、学習問題を追究し、解決しようとしている。　　　　　　　　　　　見えにくいものを可視化　　　　　　　　　　　追究場面
生成AI活用による手立てで期待されること	①学習課題に対して資料を集める際のヒントにして、生成AIにアイディアをもらうことで、個別に興味ある題材を選ぶことができる。②①によって、自分が知っている範囲のほかにある新しい興味をもてる内容を選択して、理解を深めることができる。	①学習課題に対して問いを見出すヒントにして生成AIを活用することで、問いを連続して深められる。②「産業と国民の立場から多角的に考える」という際に、生成AIを使用していくことで、自分が知っていること以上の視野が広げられる機会にする。　　　解決場面	①予想や学習計画が立てづらい児童も、問いを続けることによって次時の学習計画を作り上げ、追究に関する効果が作られる機会になる。　　　　　　　　　　　粘り強さ

❷ 思考の過程を「見える化」するモデル図（勘所4「『問い』の吟味」）

『問い』が，「社会的な見方・考え方を働かせる」ものになるための視点を表に明示して（理論編 p.77）さらに，モデル図に落とし込むようにしました。生成AIは，『問い』の連続性の環境を整え，「子どもを発問者にする」ための環境です。『問い』とその答えで見つけてきた「背景」や「思い」を

見えるように表現していくことを意識します。

　左の社会的な見方（視点）の類型のマトリックスを，具体的事例に落とし込んだモデル図を提示した板書です。「Aという課題が，背景を明らかにしたうえで，Bという情報通信技術の活用により，A'という形になり，その未来はこんなように推測されます。」というモデルを明示しました。この板書は，各時の Google Classroom で常に資料としてアップしています。

❸学習過程の「保存化」と「共有化」（勘所11　ICT 端末の活用）
　生成 AI との対話で大切にしたいのは，生成 AI は正確な知識を提供する場ではなく，「発想を生み出すヒント」という点です。よって，デジタル・アナログ含め資料からの検索は必要であり，すみわけを意識します。自分の新たな『問い』を，テニスの「壁打ち」のように，人でなくても対話できる手段として捉え，自分自身のペースで連続していくことを大切にします。
　生成 AI で『問い』を続けている子どもの見取りは，そのやりとりがデジタルに記録されています。また，今回使用した生成 AI では，教員も内容を確認できます。どのような質問をして，どのようにそれらを生かしているかが後からでも見取ることができるようになっています。

❹振り返りを共有する（勘所10　非認知能力）
　Google Classroom に日々の振り返りを記録しておくことは，「保存化」だけでなく，教師と子ども，子ども同士が対話してフォローアップのやり取りを行う「共有化」にも効果的です。理論編 pp.152〜157にあるように，振

り返りを習慣化し，上達するよう，年間を通して育成していくことが大切です。

4 「この子」の育ちと評価のポイント

Hさんは，学級目標を振り返る1月の学活で，自分たちができるようになったことについて「考えが深くなった」と振り返りました。6年生になってから，Hさんに「社会科についてもそう思う？」と尋ねると，そうだと答え，「4年生の頃よりも，授業が終わってからも考えるようになった。」と話しました。彼が追究を進めていく記録を見てみましょう。

Hさんは，釣り好きの祖父の影響から，水産業の学習について大変意欲的でした。今回も水産業を選び，そこを起点に生成AIと対話を行いました。

Hさんのプロンプト（生成AIに対する質問）を追ってみます。

知る どこでどのように広がっているか・何がどう変わってきたか

①「水産業はどのようなコンピュータを使っている？⇒短くまとめると？⇒」

「水産業」と「コンピュータ」の関連を実例で出してもらいました。教師側からネットワークの課題についても追加するようフォローアップしました。

②「コンピュータだけでなくネットワークも。⇒簡単にまとめて，小5でもわかりやすく。⇒もっと短く。」

「漁業の計画」や「漁場データの収集」という点について着目をしました。

③「漁場データ収集について教えて。⇒天候情報の収集について教えて。⇒海を把握する技術とは。」

生成AIに出てきた情報の解説を依頼し、漁場データの収集について水産庁のHPにアクセスし、「海を把握する技術」という点に関心をもちました。「情報技術を使って、何がどう変わったのか」をまとめ、「海の状況を把握する技術」のスライドを作り上げました。

> 僕は、水産業について調べました。
>
> 生成AIに水産業について聞いてみたら、漁業のデータの収集するようになったと書いてありました。それが疑問になって、なぜ、漁業データの収集するようになったのかなと思いました。そのことについて調べてみたら、水産庁のホームページに、獲る技術から、海の状況を把握する技術に変わったと書いてありました。
>
> 獲る技術を発展させてきたが海を把握する技術を発展させるようになった。
> なぜ海を把握する技術を発展させるようになったのか？
>
> 変化
> ↓
>
> 直接見ることができない魚をどこでとるのかという判断は、かつては、漁業者のかんと経験によるものだけだった。海の状況を把握する事によって漁業の効率化を図るという考え方は、100年以上前からあった。
>
> 引用元：https://www.jfa.maff.go.jp/j/kikaku/wpaper/h29_h/trend/1/t1_1_4_1.html

分かる　なぜ変わったか・なぜ必要だったか

④「漁場データ収集をすることによって、どのようなメリットとデメリットがある？小学5年生でも分かるように」

　この質問をしたことの答えが分かりにくかったHさんは、より具体的な例をヒントにもらおうと、質問を変えてみました。

⑤「海洋データを収集するのに、現代のネットワークを利用して発展した例はある？小学5年生にでも分かるように説明して。」

　具体例に「ICTブイ」というものがあることを知りました。具体的に「ICTブイ」の存在が気になったHさんは、教師に生成AIで詳しく説明がない点を相談し、「こういう時には検索で調べてみると良い」と助言を受けて、ここからは生成AIを離れ、実例をもとに教員との相談に切り替えました。

⑥「ICTブイ」について検索から実際の製品を調べる

　「ICTブイ」の実際の活用例を見つけました。海中を直

> **これからの未来**
>
> これから、ICTブイのようにネットワークが広がって、通信機器の技術がもっと発展して、世界中どこでも、海の状態がわかるようになるのかなと思いまいした。でも、プラスチックの問題や、色々な海の問題があるので、それもなくして魚も私達も、うまく暮らしていけるようになっていけたらなと思いました。
>
> 引用元：水産庁ホームページ
> https://www.jfa.maff.go.jp/j/kikaku/wpaper/h29_h/trend/1/t1_1_4_1.html
> 　ICTブイドコモビジネス
> https://www.ntt.com/business/services/ict_bui.html

接見ることのできないというハンデを解消し,「カンと経験」を重視する漁業が技術により変化している点を把握していました。

関わる　さらに広がるか・何が大切になってくるか

⑦まとめる

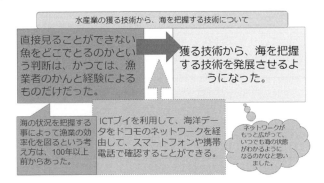

　生成AIとの対話記録を見ると,追究による新しい発見と解決において様々な学びを繋げていった跡が見られました。「生成AIは体育でも使えそう。作戦のアイディアを練るときも。」と,自分の学びの伴走者として生成AIを位置付けました。

　「これからの未来」のスライドでは,家庭科などで学習したSDGsの観点なども踏まえて考察をしていました。6年になり,「社会科ではSDGsみたいなことをこれからも考えたい。」と大きなテーマを掲げています。また,街についての行政への請願では「電灯をもっと明るくしたい。」というような生活に密着した目ももっていました。『問い』を様々な場所から生み出し,様々な伴走者とともに,これからも考えを深めてほしいものです。

〈参考資料〉
・特定非営利活動法人みんなのコード編著（2023）『学校の生成AI実践ガイド』学事出版
・「教育科学　社会科教育」2024年3月号　明治図書

（府中　高助）

6　5年　環境を守るわたしたち
豊平川の昔・今・未来
― 既習や実社会とつなげる学びを創る ―

1　教材研究と単元デザイン

❶単元目標

> 　関係機関や地域の人々の様々な努力により豊平川の環境改善が図られてきたことを理解するとともに，これからの環境保全に見られる課題を把握し，その解決に向けて社会への関わり方について考える。

　豊平川の環境改善のために様々な人々の努力があったことを時間的，多角的・多面的に捉えることで，今まで当たり前のようにあった豊平川が様々な人々の努力により，保全されてきたということに気づけるような学習にしたいと考えました。

　5年生社会科の未来志向の場面では，これまでの経緯を時間的に捉えながら，立場をもとに課題解決に向けた社会の関わり方を考えることを大切にしてきました。これまでの学びが発揮され，よりよい社会について考える姿をねらい，このような単元の目標を設定しました。また，6年の政治学習で国と国民，市と市民の立場で考える場面で本単元の学びが転移することを意識しました。

❷単元計画（全6時間）

　単元導入では，子どもたちが社会科の見方・考え方を働かせるとともに，子どもにとって切実性のある問いをもてるような仕掛けを意識しています。（詳細はp.81問いの吟味の部分）学習課題の設定と予想の部分は社会科の見方・考え方を働かせるとともに，その子らしい見方・考え方を発揮すること

で，一人ひとりの視点が広がることを意図し，全体での学びとしました。予想を出し合う中で，「やっぱり」「きっと」「でも」と子どもたちの学びが刺激されます。その過程から「これが知りたい！」が生まれ，自分なりの学習計画が自然とできていきます。このような単元導入が個別最適な学びを支える単元デザインだと考えています。その後は一人ひとりの学びが深まるよう，時間をじっくりと保障するようにしています。

●単元計画表

小単元2 環境を守るわたしたち(6)	① 単元の学習課題の設定	●豊平川の写真を提示し，『川』のはたらき（既習の森林と比較）について考える。 災害に繋げるけど，普段は豊平川でレクリエーションをしているよ。お花見をする人も多いね。 景色が綺麗。鮭が上がってくる。他にも生き物がたくさんいる。　朝のジョギング　スポーツ ●昔の豊平川の写真を提示する。＜昭和　川　汚染　画像＞【比較】【時間的】 汚い…。どうして汚くなったんだろう。汚い水を流した人がいるのかな。 これだと生き物が暮らせない→鮭の減少のグラフ提示 やっぱり！　でもどうして，今はきれいなのかな。　綺麗にする工夫や努力をする人がいたんじゃないかな。 ★時間・相互的な見方に焦点化　昔・今　立場 **学習課題：豊平川はだれがどのようにきれいにしてきたのだろう？** **〜昔から今の豊平川の努力を知り，未来につなぐために何ができるか考えよう〜**
	②〜④ ひとり学び	一人学び　環境設定：デジタル年表，ストリームの活用 【想定される子どもの姿】 ① 環境安定について時間的に捉える ② 環境安定の努力や協力関係を立場で捉える ③ これからの豊平川について考える
	⑤ 出前授業	出前授業　札幌市さけ科学館有賀さん ・豊平川の歴史 ・WWSPの活動（立ち上げやきっかけ努力や協力関係についても触れていただく） 一人学びで考えたことについて質疑応答 これからの豊平川について
	⑥ 聴き合い	**学習課題：これからの豊平川はだれがどのようにきれいにしていくのだろう？** 一人ひとりが考えてきたことを聴き合う。

❸単元をつくるにあたっての教材研究について ●————————●

　本単元は5年生の学習の最後の単元となります。農業や水産業などの産業学習では「生産者」と「消費者」という立場で学んできたのに対し，本単元では，「市民」と「市」の立場から考える構成となっています。これは6年の社会科との接続を果たすと考えました。「多角的・多面的」に物事を捉え，自分なりの考えを導き出しながら，社会参画の芽を養うことができるような単元デザインを意識しました。

第2章　社会科「個別最適な学び」授業デザイン　小学校編　77

○「多角的・多面的」に追究する
　個別最適な学びを実現するためには,「その子」らしい考えが生まれるとともに,それらが重なり合う協働的な学びを通して,個の学びが深まることが大切です。本単元では子どもたちにとって身近な豊平川を扱うことで,既習内容だけでなく,生活経験を生かし,様々な視点から追究する「その子」らしい追究が生まれると考えました。また,単元導入の予想の場面では,意図的に時間的かつ多角的に板書を構造化することで,子どもたちにその視点を意識付ける手立てとしました。(板書は p.82問いの吟味のページ)

○社会参画の芽を養う・実社会の人との対話
　市民運動を契機に鮭の放流が札幌の風物詩となり,豊平川の環境は安定していました。一方で,近年は当時に比べて市民の意識が低いのが現状です。そのような中,「市民とともに考えたい」という思いをもち,「ワイルドサーモンプロジェクト」を立ち上げた有賀さんの考えに触れる場を設定しました。有賀さんは「野生魚の割合を高める」「川の環境をもっと良くする」という目標に向かって活動を続ける一方,「放流も市民が触れ合う機会として大切」「答えを出せない。正解はない」とインタビューで答えています。豊平川の環境保全に尽力する人の本気の考え,迷いと出合うことで,これまでの学びが刺激され,一人ひとりが納得解を見出すことにつながると考えました。

2　「環境を守るわたしたち」個別最適な学び　成功のポイント

❶一人ひとりの学びを支えるデジタル年表（勘所12　学習材の工夫）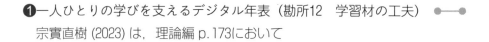
宗實直樹(2023)は,理論編 p.173において

> 　事前の準備が子どもの学びを豊かにすることは間違いありません。そして,今までの学習材は,教師の都合,教師のタイミングで使ってきたことが多いでしょう。これからは子どもの都合,子どものタイミングで使えるようにしていくべきです。子どもに委ねた方が子どもたちは柔軟

に効果的に学ぶことがよくあります。

と述べています。この考え方を踏まえ，子どもが自分のタイミングで学びを選択できるよう，デジタル年表を作成しました。

地域教材を用いたため，個別学習の際の資料が不足していました。また，時数に限りがあるため一から調べることは知識を得るだけで終わってしまうと感じました。そこで，豊平川の歴史年表を作成するとともに，関連する資

		出来事	資料
1945	昭和20年	戦争が終わる。(人口20万人)	
		人口増加で川の汚染が進む / 生活排水や下水道整備が追いつかないため。	下水道によって川がきれいに
1953	昭和28年	豊平川から鮭が消える	昭和55年頃の札幌市の暮らし
1970	昭和45年	人口100万人を越える	
1978	昭和53年	カムバックサーモン運動がはじまる	
1979	昭和54年	鮭100万匹放流	
1981	昭和56年	さけが豊平川に帰ってくる / 全国でもカムバックサーモン運動が広がる	
1982	昭和57年	札幌市の学生が掃除大臣に鮭の魚道を作るようお願いを出す	
1984	昭和59年	札幌さけ科学館完成	
2015	平成27年	ワイルドサーモンプロジェクトがはじまる	代表矢賀さんインタビュー / ワイルドサーモンプロジェクトニュースレター

料のリンクを貼り付け，アクセスできるようにしました。保全の経緯を時間的に捉えるとともに，一人ひとりの興味関心に合わせて資料を自分のタイミングで調べることを保障しました。それにより学びを支えるとともに，学習の個性化を図ることにつながりました。一人ひとりに配付することにより，見つけた情報やリンクを付け足しながらオリジナル年表を作成し，学びを深めていく姿も見られました。

❷一人ひとりの学びを支える教師の役割（勘所2　個をさぐる） ●━━━━●

個別最適な学びについて宗實は，理論編 p.44において

　主語を子どもにして学習を考えることです。一人ひとりの学びを見取り，一人ひとりの子どもに応じてきめ細かく指導することです。一言で言えば教師の「子ども理解」です。そして，子ども自身の「自分理解」です。

と述べています。教材研究と子ども研究の両輪が個別最適な学びを成功させる上で重要なポイントであると言えます。同じ教材でも子どもたちがもつ問いや捉えは子どもたちの数だけあります。一人ひとりの興味関心や学び方に

応じて教師が関わるとともに，その子の成長を願い，教師が発展的に支えていくことで一人ひとりが自立的に学べるようになっていきます。そのために教師は様々な場面で個をさぐることが大切です。

①学びの動き出しをさぐる

　子どもたちはこれまでの学びや生活経験をもとに，自分なりの考えをつくっていきます。その子らしい学びを支えるためには「その子」の追究の軸を捉えることが大切です。本単元の一人学びの導入では，追究の中で大切にしたいと思っているキーワードを集めました。

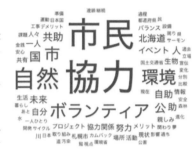

　また，毎時間一人学びを始める前には，今日の学びを表出しています。これにより，その子の学びの動き出し（きっかけ）を捉えるとともに，その日の学びを支えることができます。子どもたち自身もこれまでの自分の学びを振り返ることで，学びの過程を意識して問いが連続していくようになります。さらに，他の子の学びの見える化により，個と個がつながるきっかけにもなります。

②学びの最中をさぐる

　子どもたちの学んでいる姿を見取ります。ノートや発言だけでなく，動きや表情からどのような支えをするか選択します。社会科の学びだけでなく，その子の他教科や日常生活から総合的に判断するようにしています。また，少し学びが停滞していると感じても，試行錯誤できる子だと捉えた場合はあえて見守ることもあります。他にも，順調に学びが進んでいる子に対して，立ち止まるきっかけとして同質や異質の考えの友達を重ねたり，教師が揺さぶったりすることで，その子の学びが加速していきます。その子の今，そしてこれからを見据え，より良い関わりを教師がさぐっていくことが大切です。

③学びの跡をさぐる

　子どもたちの振り返りから個をさぐります。授業中の見取りでは見えなかった面白さを楽しみつつ，見取れなかった悔しさと向き合う時間となります。「その子の学びが次の時間どう発展していくか。それを支えるために何ができるか」を考えながら，「いつ」「どのような言葉を」「どのような方法で」子どもたちに関わるかを考えていきます。

　宗實は，個をさぐることについて以下のように述べています。（理論編p.60）

> 子どもの具体の姿に真実があります。そこに，その子の学びの文脈やくらしの文脈が生まれ，その子の「物語」が生まれます。子どもの学びの文脈を読み取り，その子のこだわりを見て，そのこだわりにつき合い，その子とともに暮らしていく姿こそ，本当の子ども理解につながるのではないかと考えています。

　教室を1周すれば子どもたちの学びは変化しています。全てを見ることはできていないことを受け入れ，絶えずその子を見ようとする教師の心構えが何より大切ではないかと考えています。

3　「環境を守るわたしたち」授業展開プラン

❶問いの吟味（勘所4）

　個別最適な学びを実現する上で，問いは子どもたちが自ら学びを進めるためのエンジンであるとともに，常に立ち返ることができる道標となります。社会的な見方・考え方が働くようにするとともに，個性的な追究が保障できる間口の広い問いを意識すると良いでしょう。

　本単元の導入では，学びの転移を意識し，理科「流れる水のはたらき」で学習した豊平川を題材として扱いました。既習である森林の役割と比較しながら川と私たちのくらしを想起し，良さと課題（多面的），今と昔（時間的）

に目を向けました。そこで昔の川の写真を提示することで『豊平川はだれがどのように工夫や努力をしてきれいな川をとりもどしたの？』という問いを子どもたちが設定しました。この学習課題に対して，一人ひとりが予想を出し合い，磨き合う場を設けました。子ども一人ひとり学びや経験は違うため，問いに対しての予想をもつことはその子らしさが光ります。それらを重ねることで新たな問いや考えをもつことができ，個の学びを支えることにつながります。教師は予想を国や市，市民（立場）と昔→今→未来（時間）に分けて板書することで子どもたちの思考を整理することを意識しました。

❷単元の授業デザイン（勘所３）

「個別最適な学びと協働的な学びの充実」について宗實は，

> 充実した質の高い協働学習を創ることが，さらに深い個別学習を創り出します。「個別→協働→個別→…」の繰り返しがポイントになります。
> （理論編 p.75）

と述べています。本単元では，協働学習によって，問題意識や予想を重ね合わせることで，個別学習への意欲喚起や見通しをもつことを意図しました。その後，デジタル年表を活用し，個別の学習を行いました。一人ひとりの学びが積み上がったところで，出前授業から川の保全に力を尽くす人の営みや思いを聞くことでより一層学びが熟成されたように感じました。子どもたちから「これからの豊平川は誰がどのようにしていくといいかについてみんな

で話し合いたい。」と提案されました。単元終末では個性的な追究が重なる場を設けることで，社会的事象を多角的・多面的に見るとともに，一人ひとりの考えに異質の導入を図ることにつながり，個々の学びが活性化します。このように，教材研究や個別の見取りから教師がその場面を見極めることが大切です。

協働学習の初めに，どのような時間にしたいか問うたところ，「まずはそれぞれの意見を出し合い，深めていきたい」と子どもたちが決め，学びがスタートしました。多面的に見ることの育ちから，子どもたちが自ら出し合った意見を分類する姿が見られました。

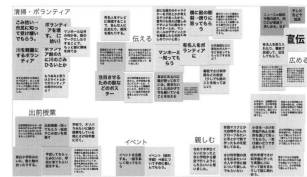

その後，出前授業を受け，「過去や現状を知るきっかけが必要」「小さなことを重ねていくことが大切」であると考え様々な考えを出し合い，議論が進みました。以下は子どもたちの話し合いの一部です。

C：市民の役割は知ることや小さなことを積み重ねること。
C：やっぱり市民のやれることは限られている。大きなことは市の役割。もっと市が市民が意識できるような取り組みを進めていくべき。（ここで一人の子が既習を生かし，問いをもちました）
C：でも市ってやることがたくさんあって，お金も優先順位とかあるんじゃないかな。4年生の除雪の時にみたいに。
C：確かに。たくさんのやることをどうやって決めているんだろうね。

このやりとりは一人の子の問いから5年から6年政治への接続が子どもたちから生まれた場面でした。子どもが自問自答しながら自立的に学びを進め

ていく姿の現れです。振り返りでは,
・自身の考えを確かにする子
・自身の考えに迷いをもつ子
・新たな問いをもつ子
・来年度の学びへの期待感をもつ子
など一人ひとりの学びが更新された協働的な学びとなりました。

このように,「個別→協働→個別→…」を繰り返すことで,深い学びが実現できるよう教師が単元の授業をデザインしていくことで,個別最適な学びと協働的な学びの充実につながるのです。

4 「この子」の育ちと評価のポイント

Mさんは思考力や発想力に優れているとともに,共感力が高く友だちの意見を踏まえ,自身の学びを更新している姿が光っていました。一方で,自分に自信がもてず,学びの初動が遅かったり,周りの意見と自分の意見が違う場合は停滞していたりする場面が何度も見られました。社会科の学習では迷いながら学びを進めることで多角的・多面的に考察を進めてきました。5年時は本人が安心し

> 市と市民は繋がっているのではないかと思った。なぜかというと市が綺麗にするシステムをつくって市民がそれに協力しているおかげで良いサイクルが回るから。鮭が死んだことから対策に手を打った人がいて,今はその綺麗な状況を保つために呼びかけをしている人がいると思う。
>
> 予想では市から市民だったけど,市民→市→市民→市→市で掛け算が起きているからいいサイクルが回っていたんだと思う。専門家や小学生から市に言ってそれを市からシステムを作って市民がどんどん乗っかっていく連鎖がずっと起きているからどんどんよくなっていったんだと思う。次は市に乗っかって市民がどんなことをしているのかを具体的に調べたい。
>
> 結局川を汚しているのは市民だから動かなきゃいけないのは市民だと思った。市は市民のサポートをしていると思う。調べて確かに工事やシステムを作るのは市だけど,市民がそれに乗っからなきゃ札幌市は変わらない。ボランティアやプロジェクトを中心的にやっている人を見て,それに乗っかる人がたくさん増えていったらどんどんいい連鎖が続いていく気がする。答えはそれに乗っかって行く人をどんどん増やしていって札幌市民に川に親しんでもらってから札幌市と一緒に答えを考えて行くっていう方法の方が札幌市民と札幌にとってもいいと思う。

て学習に向かえるよう環境設定を大切にする一方で，自律的に学び，自信を
もって6年生に進級してほしいという願いをもち，Mさんを抽出児童に設定
しました。

　Mさんの個別学習の振り返りの変容から，自分なりの仮説をもとに学びを
広げ，深めていく姿が分かります。単元導入では，予想を磨き合う際に，
「市民と市のかけ算が起きてるはず」と発言しました。自分なりの予想が
「きっと〇〇なはず！」という個別学習の原動力になりました。どんどん自
分のノートに考えを広めていく姿が社会科の学びはもちろんMさんらしい学
びが発展した姿を捉えることができました。それに対して，自信をもって学
びを進められるよう，面白がったり，考えの良さをフィードバックしたりし
ました。また，個別学習をじっくりととり，自分の考えを熟成させた上で，
協働学習を設けたことで，自分の考えと他者の考えのかけ算が生まれ，より
具体性のある考えに発展したことが最後の振り返りから読み取れます。この
ように「その子」の学びを支える単元デザインや教師の関わりが個の学びを
支えるのです。

〈参考資料〉
・木下竹次著（1972）『学習原論』明治図書

（坂本　亜姫奈）

第2章　社会科「個別最適な学び」授業デザイン　小学校編　85

6年 日本とつながりの深い国々
日本とのつながりを追究する
―自走的追究を促す2つの勘所―

1 教材研究と単元デザイン

❶単元目標

> 追究する視点をもって調べることを通して，わが国と経済や文化等の面でつながりが深い国の人々の生活は多様であることや，他国の異なる文化・習慣を尊重し合うことが大切であることを理解できる。

　この単元のポイントは，「日本とつながりの深い国を知ること」と「他国との違いを知り，共に生きていく上で大切なことは何かを考えること」です。そのために重要なことは，「日本とつながりの深い国はどこで，どの部分でつながっているのだろうか」などと問いをもち，追究意欲を高めることです。このとき，「生活の様子」に着目させ，学校生活や食事の習慣などの生活習慣に焦点化させていく展開が一般的ですが，それだけで完結させるのはもったいないと感じます。生活習慣に加えて，貿易と経済協力の視点や文化・スポーツ交流の視点も加えていくことが「社会的な見方・考え方」を豊かに働かせることにつながり，日本と他国との違いを捉えやすくなると考えます。その結果として，世界各国の人々の暮らしは多様である，つまり，「いろいろある」という概念的な知識を獲得することが本単元の目標です。

❷単元計画

時間	主な学習活動
1	○日本とつながりの深い国々についてイメージしたり，生成ＡＩを活用してつながりの深い国々を絞り込んだりした後，どの国を詳しく調べていきたいかを考える。
②	○一人ひとりの調べたい国とその理由を共有し，追究の視点（社会的な見方・考え方）を設定する活動を通して，単元の学習問題と個人の学習計画を考える。
③ ④ ⑤	○調べてみたい国（学習の事例地）や，選んだ国についてどの視点から調べていきたいか（学習のめあて），どのように調べたいか（学習方法）を思い描きながら，各自の学習問題に沿って，自立的・個性的に追究する。
6	○一人ひとりが調べたことを共有し，ワークシートにまとめる。
7	○学習問題に対する自分の結論を考える。
8	○異なる文化や習慣をもつ世界の人々とともに生きるために，自分たちにできることを考える。

　教科書通りに進める単線型の展開をアップデートするために，2・3・4・5時間目に着目します。この時間は子どもが学習計画を立てたり，自身の思い描いた学習方法で追究したりすることができる部分です。1章 p.15 にもある通り，この単元において，子どもが自己選択・自己決定しながら自立的な学びを進めやすい部分はどこかを探ることが，子ども主体の学習を支えるための教師の役割の一つです。同時に，一斉・画一的な単線型の流れを打破し，子ども一人ひとりの思いや願いに弾力的に応えられるような時間を見出すことが，単元デザインレベルで問われます。

❸単元をつくるにあたっての教材研究について

　子どもが自立的・個性的に追究できる単元になるよう，次の2つを意識しました。

【事例地（取り上げる国）選定の工夫】
　指導要領解説には，「我が国と経済や文化の面でつながりの深い国から，教師が3か国程度を取り上げ」とあります。この部分をトップダウンにせず，子どもたちと絞り込んでいく過程を大切にします。この時は，指導要領解説にある配慮事項をおさえた上で，子どもの素朴なイメージと生成AIの力を借りて，日本とつながりの深い国を探りました（第1時）。今話題のAIに同じ問いをしたら（日本とつながりの深い国はどこ？），どう答えるかな？という展開です。生成AIの回答をその場で一覧データに直して子どもに手渡せば，本単元の事例地である国が決定します。このように，子どもと共に学習対象となる事例地を絞り込んでいくだけでも，その後の追究意欲は変わっていくと考えます。

【学習展開の工夫】
　第2時〜第5時は，子どもが興味・関心や問題意識に基づいて1か国を選択して主体的に追究する時間です（第2〜5時における学習の複線化のポイントや具体については，後半部をお読みください）。その後の第7・8時において，各自の追究で得た情報を共有することも大切です。日本とつながりの深い国はどの部分でつながっているのかということと，日本との共通点や相違点を見出し，世界各国の人々の暮らしは多様であることを捉えやすくなるからです。逆にすべての国を調べようとしたら，

時数が足りなくなってしまいます。全員の調査カードを端末上で見えるようにした後，ワークシートに自分の気づきを記入する時間を設けます。記入しながら，「日本と全然違う」「つながりはあるけど，○○の部分では違いがある」といったつぶやきが聞こえてきたらしめたものです。

2 │ 「日本とつながりの深い国々」個別最適な学び　成功のポイント

　子ども一人ひとりの思いや願いに弾力的に応えるための一手法が「学習の複線化」です（勘所5）。すべての子どもたちが画一的に取り組むのではなく，複数のものの中から自己選択しながら，自らの学習をつくっていくことを大切にします。本単元では次の表の通り，「学習のめあて」「学習の方法」「学習の事例地」を複数用意するように意識しました。特に，「どの国を調べたいか」という事例地の複線化は，追究を支える原動力になるため，この単元の大切なポイントとなります。「この国を，この視点で，こんなふうに調べてみたい」という欲求が子どもの内に湧き起こらなければ，自立した学習者としての追究は始まらないと考えます。

　加えて，自走する子どもを支える手立ての一つが「ICT端末の活用」です（勘所11）。学習支援ソフトも併用することで，子ども自身が，情報を集める，読み取る，まとめることや振り返りを飛躍的にしやすくなりました。下に示した「追究カード」や「振り返りカード」も，単元を通して繰り返し使用することで，手軽に記述することができます。また，音声言語よりも文字言語の方が得意な子どもの考えも可視化・共有化され，誰一人取り残すことなく学びを前進させることができます。理論編p.163のとおり，「一人ひとりの子を大切にしたい」という想いを具現化するツールがICT端末です。

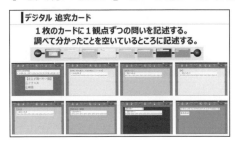

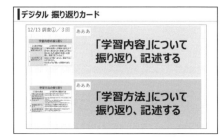

3 「日本とつながりの深い国々」授業展開プラン

❶追究の視点をセットしてから学習の複線化へ

　子どもの思いや願いに弾力的に応えられるようにと言っても、「好きな国を好きなように調べましょう」というのでは、目指す社会科の資質・能力を育むことはできません。安易で形式的な学習の複線化は、ただの放任になりかねません。そうではなく、単元の始めにまず意識したいことは、問題解決の際に働かせる追究の視点（社会的な見方・考え方）をセットすることです。そこで、1時間目を一斉授業として進め、子どもたちから引き出しながらその視点を整理していきました。子どもから出てきたのは、『貿易』『スポーツ』『食』『文化』の4つで、それに『学校生活・習慣』の視点を加えました。5つ目を授業者から明示的に加えたのは、外国の人々の生活の様子に着目しながら、日本の文化や習慣との違いを捉えることが、この単元において外すことのできない学びだからです。

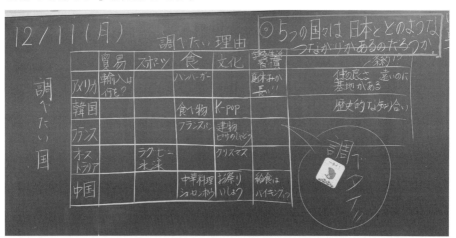

　これらの視点をしっかり押さえた上で、単元の学習問題「5つの国は、日本とどのようなつながりがあるのだろうか」を、子どもと共に設定しました。

すると，多くの子どもが，「アメリカの貿易だったら…」「中国の食と言えば…」と，考えを巡らせ始めます。ここで学習の複線化を図ります。「どの国を調べてみたいか」「その国について，何から調べていきたいか（5つの追究の視点の順序化）」「どんな方法で調べたいか」と，事例地や学習のめあてを子どもが選択できるように働きかけました。

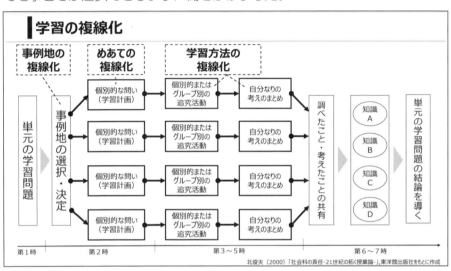

図1　学習の複線化　単元構想図

　このようにして，この後の学習活動に方向とエネルギーを与えることが単元前段で力を注ぐべきポイントであり，学習の複線化において意識しておきたいおさえどころです。

❷環境を開放する

　一人ひとりが思い描く道筋をもてたら，4つの環境を開放します（1章p.18）。それが図1にある「学習方法の複線化」です。例えば，「3時間で自分なりの結論を出そう」と時間的環境を柔軟にするなど，物的環境，空間的環境，人的環境も同時に開放することによって，一人ひとりに適した学び方を実現しやすくなります。すると，図2の①②③のように，1人でとこと

んアメリカについて追究する子どもや，気の合う友達とペアになって取り組む子ども，3人以上で中国の情報収集と読み取った情報をプレゼンに仕上げることを分担する子どもたちが出始めます（人的環境）。また，空間的環境や物的環境についても縛りすぎず，オープンにすることによって，④図書館に向かい世界の国々の書籍にあたる姿や⑤⑥⑦のような姿が自然なかたちで表出するようになります。このような姿に出会うとき，改めて，「子どもは有能な学び手である」ことに気づかされます。

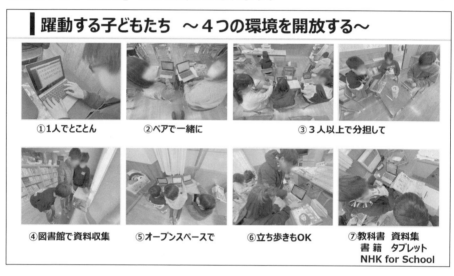

図2　躍動する子どもたち

❸ICT端末を活用して自走的追究を見取る

　しかし，このような自走的追究が，本来の目的である学習問題の解決に向かっていなければ本末転倒です。冒頭に示した単元のゴールに，自力または協働的に向かっているのかという見取りが大事になることは言うまでもありません。そこで，子どもの自走的追究を支えるために，ICT端末を活用するとともに次の評価基準表を作成しました。

評価基準表

○学習問題の設定からその達成までを、どれだけ主体的・自主的に追究できたかという観点から、次のような評価基準表によって評価した。

粘り強く取り組む +	2に加え、よりよい内容や方法を求め、解決に向けて積極的に取り組んでいる 1	C 1	B 1	A 1
	友達の情報や方法から学ぼうとしたり、自らの学習状況を把握したりして、解決に向けて活動を進めている 2	C 2	B 2	A 2
	1・2の姿が見られない 3	C 3	B 3	A 3
主体的に学習に取り組む態度	技能	うまく調べることができない C	調べることはできるが資料を写すだけである B	自分の言葉と自分なりの工夫を加えてまとめることができる A

○社会的事象に関する**情報を集める技能**
○集めた情報を**読み取る技能** を総合的に見取ったうえで
○読み取った情報を**まとめる技能**

北俊夫／馬野範雄、井上和夫（1997.4）「子どもの個性を生かす複線型社会科授業の構想」明治図書
澤井陽介／小倉勝登（2019.4）「小学校社会 指導スキル大全」明治図書
をもとに作成

3〜5時間目の過程において、「主体的に学習に取り組む態度」と「技能」の2側面から子どもの実態を評価し、前掲のデジタル振り返りカードと共に、子どもの追究を見取るようにしました。例えば、第3時の抽出児の振り返りを見ると、学習内容の振り返りでは、＿＿のとおり自らの学習状況を把握で

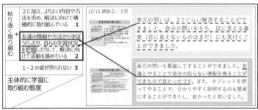

きています。学習方法の振り返りでは、＿＿のように友達の情報から学ぼうとする様子が分かります。実際の見取りでは、仲の良い友達とペアになり、情報交換をしながら集中して取り組む姿が見られました。追究カードの「貿易」の部分を見ても、具体的知識を獲得していることが分かります。

4 「この子」の育ちと評価のポイント

> 光を見てやろう　まばたきに応えてやろう　そして
> 　　やんちゃ者からはやんちゃ者の光
> 　　　　おとなしい子からはおとなしい子の光

　東井義雄「子どもを見る目　活かす知恵」の中の「どの子も子どもは星」にあるフレーズです。

　先述の抽出児として追ったＣさんは，「おとなしい子」の括りに入る，優しい健気な子どもです。一方で，発言やつぶやきなどの音声言語の表出が極端に少ないという一面もありました。しかし，毎時間届くデジタル振り返りカードに目を通すことで，Ｃさんの放つ光を受け取りやすくなりました。

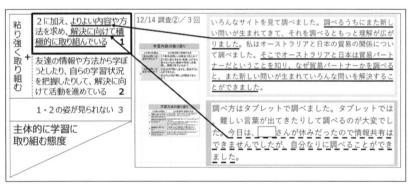

　第４時の振り返りの＿＿＿を見ると，「いろいろなサイトを調べたこと」「調べるうちに新しい問いが生まれてきたこと」「オーストラリアと日本は貿易パートナーであること」と，新たな問いを追究している姿が読み取れます。調べる内容と方法に自由度をもたせた結果であり，学習の複線化が有効に働いた場面です。また，この日は隣のＢ児が欠席だったため，Ｃさんの追究活動が停滞するのではないかと思いましたが，＿＿＿のとおり自力で追究を進めました。より良い内容や方法を求め，解決に向けて積極的かつ自力的に取

り組んでいる姿を目の当たりにし，Cさんの成長を感じることができました。

　さらに，「問題を解ける人」よりも「問題を発見したり設定できたりする人」がこれからの世界を切り開いていくという指摘もあるように，＿＿＿のような「新たな問い」を自分で見つけ，自力で解決する姿は価値ある姿です。この部分は，非認知能力（勘所10）の育成にもつながるところであり，問える子ども，問い続ける子どもは社会科を通して育める可能性を示しています。その萌芽をCさんの記述から感じ取ることができました。そして，最後のカード（5時間目）には次のようにまとめました。

　　オーストラリアは日本と違いました。その理由は，食や文化，学校生活などを調べると，日本と違っていたからです。また，オーストラリアは日本と貿易パートナーだということを知りました。そのことを調べてみると，鉄鉱石や石炭などをオーストラリアが輸出していました。つまり，オーストラリアは，日本にとって大切な国だということが分かりました。

　オーストラリアと日本の違いを複数の観点から捉えたり，オーストラリアは日本にとって大切な国だということを捉えたりして，つながりがあることを理解したCさん。続く6〜8時間目の学習を経て，単元のゴールにたどり着くことができました。

　学習の複線化やICT端末の活用は，クラスに一定数存在する静かなどもたちを輝かせるきっかけとなります。「どの子も子どもは星」であることを忘れず，今後も子どもによる自走的追究を促し，それを支える社会科授業を実践していきたいです。

〈参考資料〉
・北俊夫（2000）『社会科の責任—21世紀の拓く授業論—』東洋館出版社
・北俊夫／馬野範雄，井上和夫（1997）『子どもの個性を生かす複線型社会科授業の構想』明治図書
・東井義雄（1986）『子どもを見る目 活かす知恵』明治図書

（椎井　慎太郎）

8　6年　幕府の政治と人々の暮らし
政策対象を視点に幕府の政治を見る
―決定・選択・調整しながらの学び―

1 | 教材研究と単元デザイン

❶単元目標

> 　江戸幕府が政治を行った頃について，参勤交代，鎖国などの幕府の政策，武士を中心とした身分制などの事柄を調べ，関連付けたり総合したりすることを通じて，武士による政治が安定したことが分かる。

　本単元で子どもたちに獲得させたい中心概念は，「江戸幕府が政治を行った頃，武士による政治が安定した」ということです。

　そのために，これまでは学級全体で共通の学習問題を設定し，参勤交代，鎖国などの幕府の政策，武士を中心とした身分制などの事柄を，教師が順序立て，調べてまとめ，総合したり考えたりするよう促してきました。

　しかし，これでは子どもが「今日の社会は何をするのですか？」と聞くようになり，江戸幕府が行った政策の意図や，江戸時代の世の中の様子を子ども自ら主体的に見出していく姿は少なかったように思います。

　そこで本実践では，学習問題の解決に向けて，子どもが調べる事柄を選んだり，学び方を決めたり，学習計画を調整したりしながら追究できるようにしました。

　このようにして，江戸幕府が行った政策の意図や，江戸時代の世の中の様子を子どもが主体的に見出していくことを目指しました。

❷単元計画（全8時間）

時	ねらい
1	江戸幕府が政治を行った頃について，武家政権の各時代と江戸時代の長さを比較し，武家政権の各時代の政策を想起することを通して，単元を貫く学習問題を設定し，江戸幕府が行った政策を既習とつなげて予想することで，これから進んで調べようとしている。 　**単元を貫く学習問題** 　　江戸時代は，なぜ265年間も長く続いたのか。江戸幕府は，一体何をしたのか。
2〜7	江戸幕府が行った政策について，立てた予想をもとに参勤交代や大名の配置，武家諸法度などを調べて確かめることを通して，幕府が大名を抑えていたことが分かる。 江戸幕府が行った政策について，立てた予想をもとに五人組の仕組みや慶安の御触書などを調べて確かめることを通して，幕府が武士を中心とした身分制を定着させたことが分かる。 江戸幕府が行った政策について，立てた予想をもとに鎖国や一部の外国との交流の様子などを調べて確かめることを通して，幕府が外国の情報や貿易の利益を独占したことが分かる。
8	江戸幕府が政治を行った頃について，これまでに調べて分かった江戸幕府の政策を改めて総合したり関連付けたりすることを通して，参勤交代，鎖国，武士を中心とした身分制などを進めたことにより，武士による政治が安定したことが分かる。 　**単元を貫くまとめ** 　　江戸幕府が265年も長く続いたのは，参勤交代などのライバルへの政策，武士を支えるための身分制を定着させた市民への政策，鎖国などの外国への政策を進めることで，大名や町人，百姓を治め，世の中を安定させていたからだ。

　1時間目は，「一斉授業」の時間です。単元を貫く学習問題を立てて予想し，学習計画を立てる時間としました。2〜7時間目は，「個別学習」の時間です。立てた学習計画に沿って，調べてまとめる時間としました。都度ショート「一斉授業」を行い，調べる事柄を焦点付けたり，中間まとめをしたりしました。8時間目は，「一斉授業」の時間です。単元を貫くまとめをつくるために，調べて分かったことや考えたことを，改めて総合したり関連付けたりしました。

❸単元をつくるにあたっての教材研究について ●────────●

　子どもたちは，鎌倉幕府から始まる武家政権が行ってきた政策について学んできたことで，子どもたちなりの武家政権の概念をもっています。例えば，「だれ（どこ）に向けて行われた，どのような政策なのか」，「なぜ行い，どのような効果があったのか」などと問いを立て，政策の対象やその内容，その政策が行われた背景や効果などを捉えています。

　それらは，以下の表のように３つに分類できると考えました。具体的には，「ライバルへの政策」「市民への政策」「外国への政策」とする分類です。

	ライバルへの政策	市民への政策	外国への政策
鎌倉	御恩と奉公の関係 御成敗式目 守護の配置	地頭の配置	元との戦い 防塁 異国警固番役
室町			日明貿易
安土桃山	鉄砲の使用 仏教勢力の抑え込み	楽市・楽座 関所を撤廃 検地 刀狩	キリスト教の保護 南蛮貿易 朝鮮に大軍を送る
江戸	武家諸法度 大名の配置 参勤交代	身分制 五人組 慶安の御触書	キリスト教の取り締まり 鎖国

　このような政策の分類を，鎌倉幕府から江戸幕府まで貫くと，単元と単元の継ぎ目が少なくなり，子どもたち自ら「武家政権は統治のために，『ライバルへの政策』『市民への政策』『外国への政策』の３つを行っている」という視点から社会的事象を関連付けて見られるようになると考えました。

　これにより，江戸幕府が行った政策についてもこの分類をもとにして予想したり，調べてまとめたり，関連付けたりすることができ，社会科らしい学びをしつつ，「その子」らしい学びを促せるのではないかと考えたのです。

2 「幕府の政治と人々の暮らし」個別最適な学び　成功のポイント

　私は，社会的事象の見方・考え方を働かせ，学習内容・方法を決定・選択・調整しながら学ぶ子どもを育てたいと考えています。なぜなら，これからの社会をより良く生きたり，より良い社会を創ったりするためには，社会に見られる課題の解決に向けて，子ども自ら決めたり選んだり整えたりする力が必要不可欠な資質・能力だと考えるからです。

　しかし，これまでの実践において，学習内容や方法を決めたり選んだりするよう促した際，社会科らしい学びから離れる子どもの姿に疑問を感じていました。この原因は，社会的事象の見方・考え方を働かせられていないためだと考えました。

　そこで，子どもが社会科らしく学びつつ，「その子」らしい学びができるよう，1の③の教材研究の成果を踏まえ，以下のことを工夫しました。

> 　学習内容・方法を決定・選択・調整しながら学ぶ単元の授業デザインや学習形態の工夫「単元の授業デザイン」（勘所3）「学習形態の工夫」（勘所6）

　学習内容を決定・選択・調整しながら学ぶ姿を促すために，単元の授業デザインを子どもに委ねる部分が多くなるよう工夫しました。具体的には，単元の1時間目と8時間目を「一斉授業」の時間とし，2〜7時間目を「個別学習」の時間としたのです。

　1時間目は，単元を貫く学習問題を立てて予想し，学習計画を立てるオリエンテーションの時間です。武家政権の各時代と江戸時代の長さを比較して問いをもたせ，単元を貫く学習問題を設定しました。そして，これまでの武家政権が行ってきた政策を提示し，江戸幕府が武士の政治を安定させるために行った政策を予想するよう促しました。その後，次頁の単元表に学習計画を立てました。単元の目標や時数などを子ども一人ひとりと共有することで，社会科らしい学びを，「その子」らしくデザインできるようにしました。

第2章　社会科「個別最適な学び」授業デザイン　小学校編　99

幕府の政治と 人々の暮らし	目標	・江戸幕府の政策を調べて分かる ・江戸幕府が行った政策の意図を考え，まとめることができる。 ・ねばり強く調べようとしたり，まとめようとしたりすることができる。

単元の学習課題	

	2時間目	3時間目	4時間目
自分の評価 ◎とても ○まあまあ △がんばろう	・調べて分かった。 ・考えたり，まとめたりした。 ・ねばり強く学習しようとした。	・調べて分かった。 ・考えたり，まとめたりした。 ・ねばり強く学習しようとした。	・調べて分かった。 ・考えたり，まとめたりした。 ・ねばり強く学習しようとした。
振り返り			

	5時間目	6時間目	7時間目
自分の評価 ◎よくできた ○できた △がんばろう	・調べて分かった。 ・考えたり，まとめたりした。 ・ねばり強く学習しようとした。	・調べて分かった。 ・考えたり，まとめたりした。 ・ねばり強く学習しようとした。	・調べて分かった。 ・考えたり，まとめたりした。 ・ねばり強く学習しようとした。
振り返り			

単元のまとめ	

2～7時間目は，「個別学習」の時間です。子どもたち一人ひとりが立てた学習計画に沿って，調べてまとめるようにしました。また，調べる事柄の順序を決めたり，調べる方法を選んだり，進捗状況などに応じて計画を整えたりするよう促しました。その際，子ども一人ひとりの学び方に応じて，一人で黙々と教科書・資料集を使って調べたり，ペアで力を合わせて端末を使ってまとめたり，緩やかに学習形態を変えながら学習方法を選んで，学び進めている姿を称賛しました。

そして，社会科らしい学びをしている子どもの姿を見取っては，都度ショート「一斉授業」を行いました。具体的には，社会科らしい学びを子どもが続けられるよう，単元の学習問題を解決するための調べる事柄に着目させたり，何が分かったか・分かっていないかが明らかになるように中間まとめを行ったりするようにしました。

8時間目は，「一斉授業」の時間です。単元を貫くまとめをつくりました。調べて分かったことや考えたことを総合したり関連付けたりできるよう促し，中心概念を見出せるよう工夫しました。

3 「幕府の政治と人々の暮らし」授業展開プラン

❶単元を貫く学習問題の設定と予想，学習計画の立案

　まず，武士が行った政治の様子を表した資料と武士が政治を行った時代の長さを表したテープ図を提示しました。子どもは，これまでの武家政権の各時代と江戸時代の長さを比較してずれを感じ，「江戸時代は，なぜ265年間も長く続いたのか。江戸幕府は，一体何をしたのか」と単元を貫く学習問題を設定しました。

　次に，予想を問いました。子どもは，武士が行った政治の様子を表した資料を手掛かりに，「幕府が大名を従える仕組みをつくった」「幕府が外国との貿易の利益を独占できるようにした」「幕府が人々を治めるきまりをつくった」などと江戸幕府が行った政策を予想しました。

　そして，これから調べたい事柄を問い，学習計画を立てるよう促しました。子どもは，予想を分類したり，取捨選択したり，新たに考えたりして，調べる事柄を定め，学習計画を立てました。具体的には，既習の武家政権が行ってきた政策の分類とつなげて，「豊臣秀吉が行ったように，市民が一揆を起こさないように政策を行った」「戦いをしないきまりを作ったから265年間も続いた」などと予想しました。

　こうして，江戸幕府が行った政策について，武士が行った政策に関わる既習事項とつなげて予想し，それをもとに学習計画を立案して，子ども一人ひとりがこれから調べていく事柄をそれぞれ定めていきました。

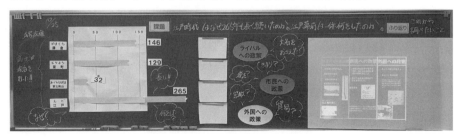

❷社会科らしい学びを,「その子」らしく学ぶ

　ここからは,それぞれの政策を調べてまとめたいところから子どもたちが選んで学びます。以下の写真のように,ライバルへの政策を資料集を使って一人で黙々と調べてまとめる子どもがいたり,2人でインターネットを使って調べてまとめている子どもたちがいたり,学びの様相は様々でした。

　また,時折調べたことを全体で共有するショート「一斉授業」の機会を設けました。具体的には,子どもたちがしている学びを実況して中間まとめをしたり,単元を貫く学習問題解決に向かう事柄を調べている子どもの姿を価値付けたりして,他の子どもたちに促すようにしました。下の写真は,多くの子どもたちがライバルへの政策を捉えたところで,中間まとめをしているところです。その後,「市民への政策」や「外国への政策」を調べるには,教科書や資料集のどこを見たら良いか確認したり,これから誰が何を調べようとしているのか,板書で共有したりすることもしながら,社会科らしい学びを,「その子」らしくできるよう支えました。

以上のような学びを経て，子どもが江戸幕府のそれぞれの政策についてまとめたカードが下の写真です。それぞれの政策対象にしたこととその効果，個人的な評価などがまとめられています。具体的には，ライバルへの政策としては，参勤交代や武家諸法度を調べ，大名に経済的負担をもたらしたことや効果的に領地替えをしたことがまとめられています。市民への政策としては，身分制を敷いたことを調べ，その理不尽さに怒りを覚えたことがまとめられています。外国への政策としては，キリスト教の禁止や鎖国を調べ，「今だったら」と現代と比べながらまとめています。それぞれの政策を社会科らしく学び，「その子」らしくまとめていることが分かります。

❸単元を貫くまとめを見出す総合・関連付け

　これまで調べて分かったことを問いました。子どもたちは，それぞれの政策対象にしたこととその効果等を発表しました。その後，まとめるとどうなるか問いました。子どもたちは，それぞれの政策を総合したり関連付けたりしました。最後には，「江戸幕府は大名，市民，キリスト教信者に力をもたせない政策を行っていた」と，学級全体のまとめをつくりました。

第２章　社会科「個別最適な学び」授業デザイン　小学校編　103

4 「この子」の育ちと評価のポイント

　Nさんは、学習意欲が高く、常に真摯に学びに向かう子どもです。また、各教科の各単元末テストの到達度も高く、理解力が優れています。一方で、学びに対するこだわりがやや強く、負けず嫌いで、納得できないと学び進めないところがあります。また、思っていることや考えていることを進んで表現したがらない一面もあります。

　そのため、子どもに学びを委ねる部分が多い本単元において、社会科らしく学びつつ、こだわり、納得しながら学び進めるNさんらしさを引き出すことができるのではないかと考えました。以下が本単元を学び終えたNさんの単元表です。

幕府の政治と人々の暮らし	目標	・江戸幕府の政策を調べて分かる。 ・江戸幕府が行った政策の意図を考え、まとめることができる。 ・ねばり強く調べようとしたり、まとめようとしたりすることができる。		
単元の学習課題	なぜ江戸時代は265年も長く続いたのか。			
		2時間目	3時間目	4時間目
自分の評価 ◎とても ○まあまあ △がんばろう		◎ ・調べて分かった。 ◎ ・考えたり、まとめたりした。 ◎ ・ねばり強く学習しようとした。	◎ ・調べて分かった。 ◎ ・考えたり、まとめたりした。 ◎ ・ねばり強く学習しようとした。	◎ ・調べて分かった。 ◎ ・考えたり、まとめたりした。 ◎ ・ねばり強く学習しようとした。
振り返り		参勤交代について調べた。大名たちが一年ごとに領地と江戸を往復しなければならないのは大変だと思った。妻子も人質に取られる可哀想だなと思った。次は武家諸法度について調べたい。	武家諸法度について調べた。色々な決まりを定めて大名たちをまとめていたのが分かった。ライバルへの政策、2時間目で参勤交代と武家諸法度について詳しく調べられた。外国への政策や、市民への政策も詳しく調べたい。	外国への政策について調べた。鎖国について詳しく調べた。あれだけ取り締まっていたのにキリスト教の信者が一揆を起こしていてびっくりした。幕府はもっと強く取り締まるようになっていて、経験は大切だと思った。他にも外国にどんな政策をしたのか調べたい。
		5時間目	6時間目	7時間目
自分の評価 ◎よくできた ○できた △がんばろう		◎ ・調べて分かった。 ◎ ・考えたり、まとめたりした。 ◎ ・ねばり強く学習しようとした。	◎ ・調べて分かった。 ◎ ・考えたり、まとめたりした。 ◎ ・ねばり強く学習しようとした。	◎ ・調べて分かった。 ◎ ・考えたり、まとめたりした。 ◎ ・ねばり強く学習しようとした。
振り返り		4時間目の続きで鎖国について、キリスト教の信者の探し方を詳しく調べた。幕府は絵踏みをさせてキリスト教の信者を探すなんかこいないと思ったけど、キリスト教の信者はかわいそうだと思った。次は、市民への政策について調べる。どんな政策をしているのか楽しみ。	市民への政策について調べた。身分ができて、女は男よりも低いものとされていてあんまり良くないなと思った。しかも身分で差別されていてひどいと思った。でも町人や百姓は年貢を頑張って納めていてすごいと思った。	江戸幕府は大名、市民たちが争いを起こさないようにしていたことが6時間目でよくわかった。中でも、幕府が参勤交代をするのはとても賢いと思った。でも身分を分けるのはひどいと思った。でも260年くらいも続く事はすごいと思っている。
単元のまとめ	江戸幕府は大名、市民、キリスト教信者に力をもたせない政策を行っていた。			

　2時間目は参勤交代を調べ、その後武家諸法度を調べる意欲を高めていました。3時間目は武家諸法度を調べ、ライバルへの政策を調べ終えたことから、次時で外国・市民への政策を調べることへの意欲を示していました。4時間目は、外国への政策として鎖国を調べたようでした。まだ、外国への政

策を調べ切れなかったようで，次時も外国への政策を調べようとしていました。5時間目は絵踏み等も含め，外国への政策を調べあげたようでした。そして，市民への政策を調べることを楽しみにしていることが伺えます。6時間目は，市民への政策を調べ，身分制のもとに置かれた当時の人々に思いを馳せていました。7時間目は，幕府が行った政策を順位付け，参勤交代がもたらす効果を感じていました。

　本単元では，学習内容・方法を決定・選択・調整しながら学ぶ単元の授業デザインや学習形態を工夫しました。そのため，Nさんは調べたい事柄を納得のいくまで調べたり，次に調べることへの意欲を高めたりしながら，Nさんらしく，Nさんのペースで学び進めることができました。2〜7時間目の「個別学習」の時間では，一人でじっくり学びに没入している姿が印象的でした。また，「武家政権は統治のために，『ライバルへの政策』『市民への政策』『外国への政策』の3つを行っている」という見方をして，それぞれの政策を調べてまとめていたので，社会科らしく学ぶこともできていたことにも感心しました。

　本単元は，子どもに学びを委ねることを軸にして構想した単元でした。子どもの学びをデザインし，それを支える教師の構えを考えることができた単元となりました。このような単元デザインの実践を積み重ねることを通して，これからの社会をより良く生きたり，より良い社会を創ったりするために不可欠な，自ら決めたり選んだり整えたりする資質・能力を，引き続き子どもたち一人ひとりに育んでまいりたいと思います。

〈参考文献〉
・奈須正裕・伏木久始編著（2023）『「個別最適な学び」と「協働的な学び」の一体的な充実を目指して』北大路書房
・竹内淑子著（2022）『教科の一人学び「自由進度学習」の考え方・進め方』黎明書房

（裏田　雄大）

社会科
「個別最適な学び」
授業デザイン
中学校・
高等学校編

3

1

中学1年　地理
南アメリカ州「開発の進展と環境保全」

個別×協働の社会科を目指して
―単元表と問いの一覧表の活用を通して―

1 ｜ 教材研究と単元デザイン

❶単元目標

> 　南アメリカ州で見られる熱帯雨林の減少や開発進行の要因や影響を追究することを通して，南アメリカ州の地域的特色を理解するとともに，持続可能な社会の実現に向けて取り組むことは何かを考えて表現することができる。

　『中学校学習指導要領（平成29年告示）解説』では，世界の各州で取り上げる課題は「持続可能な社会づくりを考える上で効果的」であり，「生徒自身が地球的課題の要因や影響について捉えやすいという観点から主題を設定することが大切である」と述べられています。

　南アメリカ州で見られるアマゾン川流域の熱帯雨林開発の原因や影響は，気候・地形や産業のみならず，現地の人たちの暮らしや国同士の結び付きなどが複合的に絡み合い，当該国に住む人たちだけでなく，遠く日本に暮らす私たちにとっても重大な問題です。

　以上の点を踏まえて，南アメリカ州における熱帯雨林開発という素材を教材化し，その要因や影響について追究していくことを通して，単元目標に迫ることができると考えました。

❷単元計画（全7時間）●━━━━━━━━━━━━━━━━━━●

学習段階	主な学習活動	手立て
とらえる 一斉授業	1時 　資料から，気づいたことを共有し，学習課題を設定する。	○心情に訴える具体的な資料の提示
	学習課題「地球の肺なのに，なぜ熱帯雨林は減少しているのだろう？」	
追究する 個別学習	2～4時 　単元表に沿って各自が立てた「問い」を追究する。	○「デジタル単元表」 ○「問いの一覧表」
深める 協働学習	5時 テーマ「開発によるプラス面・マイナス面は何か？」 「より影響が大きいのはプラス・マイナスどちらの影響か？」 個別学習の内容を基に，クラス全体で話し合う。	○思考ツールを活用した協働学習の場面設定
生かす	6・7時 新たな学習課題「持続可能な社会の実現に向けて，優先的に取り組むべきことは何か？」	
個別学習 協働学習	新たな学習課題について個人で考え，クラス全体で話し合う。	○タブレット端末共有機能の活用

　南アメリカ州の国々や地形や気候を一斉授業で確認した後，第1時では，衛星写真の比較や毎年減少している熱帯雨林の具体的な面積（数字）のグラフを提示し，驚きを喚起します。気づいたことを共有しながら「○○なのに，なぜ～？」という複文型の学習課題を設定します。第2時では，問いの一覧表を手渡し，状況に応じて思考ツールを活用しながら，課題解決に向けて各

第3章　社会科「個別最適な学び」授業デザイン　中学校・高等学校編　109

自が問いを設定します。設定した問いを，第3・4時は自分自身に合った「方法（物）」「場所（空間）」や，「誰（人）」と追究するのかを自己選択・自己決定し，各自が最適な方法で追究します。第5時では，追究したことを共有する協働学習（討論活動）の場面を設定します。第6・7時では，討論活動の内容を踏まえて，「持続可能な社会を実現するために優先的に取り組むことは何か」という発展的な学習課題を設定して追究するとともに，考えを共有する場面を設定します。なお，単元計画は，生徒の追究内容や発言を基に柔軟に組み立てることで，生徒の思考に沿った流れになるように留意しました。

❸単元をつくるにあたっての教材研究について ●━━━━━━━━━○

本単元における追究力を高めるための教材化・活動の工夫

① 「これまでの経験をくつがえす」
　　☞「世界の肺」「生物多様性の宝庫」なのに開発が止まらない事実の提示

② 「数量に対する驚きを呼び起こす」
　　☞「長野県」と同程度の面積の熱帯雨林が開発されている事実の提示

③ 「心情に訴える」
　　☞多くの生物が絶滅の危機に瀕している映像資料の提示
　　　日本を含む先進国の企業が開発に関わっている資料の提示

④ 「多様な見方・考え方を生み出す」
　　☞持続可能な社会のために、何ができるのかを考える活動

⑤ 「価値の対立を引き起こす」
　　☞開発のプラス・マイナス面は何かを考える活動

由井薗健・粕谷昌良監修小学校社会科授業づくり研究会編著『小学校社会科　Before&Afterでよくわかる！子どもの追究力を高める教材＆発問モデル』2017年，明治図書を参考に作成

　個別最適な学びを成功させるためには，生徒が本気で追究したいと思える魅力的な教材が前提となります。日本に住む中学生にとって南アメリカ州の熱帯雨林の開発は，地球的な課題であるとはいえ，普段意識することが少なく切実感を抱きにくい課題であると考えます。由井薗健（2017）は「子どもの追究力を高める教材・発問」として「これまでの経験をくつがえす」「数

量に対する驚きを呼び起こす」「怒りなどの心情に訴える」「多様な見方・考え方を生み出す」「価値の対立を引き起こす」の5点を挙げています。例えば単元の導入場面では，『世界の肺』『生物多様性の宝庫』なのに，毎年，長野県と同程度の面積の熱帯雨林が開発されている事実を示す資料を対照的に提示することで，驚きを引き出し，問題意識を醸成したいと考えました。

　このように，5つのポイントを意識しながら教材研究を行い，単元全体をデザインすることで，熱帯雨林の減少という，ともすれば生徒にとって心理的距離が遠い南アメリカ州の課題に対して，学ぶ必要性を感じ，本気で追究したいというエネルギーを生み出すことができると考えました。

2 「南アメリカ州—開発の進展と環境保全—」個別最適な学び 成功のポイント

　個別最適な学びの成功のポイントは，自らが立てた「問い」について見通しをもって自立的に追究し，追究したことを基に，仲間と協働的に学習することができるかどうかであると考えます。

　宗實直樹は以下のように述べます。（理論編 pp.74-75）

> 「個別学習を機能させるには協働学習を行い，『また個別でとことん追究したくなった』という気持ちをもつことが重要です。充実した質の高い協働学習を創ることが，さらに深い個別学習を創り出します」

　以上の点を踏まえ，個別最適な学びを実現するために，「単元の授業デザイン」（勘所3）を参考にし，個別学習と協働学習をバランスよく配置することにしました。個別学習では，生徒が自らの問いについて自立的に追究することができるように，「デジタル単元表」を活用することにしました。「デジタル単元表」とは，タブレット端末上に保存できる自らの学びを俯瞰することができる「学びの履歴書」です。学習課題や学習計画，調べた内容を記入したり，討論活動時の板書画像を貼り付けたりしました。

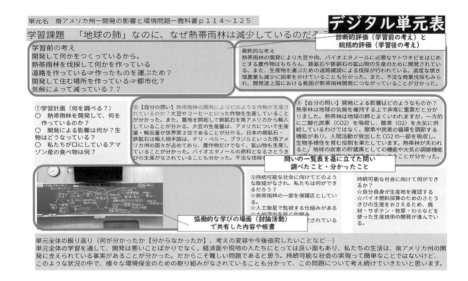

　また，各自が問いを立てる際には，「問いの一覧表」（理論編 p.79）を活用しました。なお，問いがうまく立てられない生徒には，必要に応じて，ウェビング・マップやピラミッドチャートといった「思考ツール」を活用しながら問いを立てるよう声をかけました。

　そして，生徒が自分に合った「方法（物）」や「場所（空間）」で追究した内容を，協働学習を通して仲間たちと共有する場面として討論活動を設定します。討論活動では黒板上に思考ツールを配し，発言や関連性を板書することで，生徒の考えを可視化するよう留意しました。

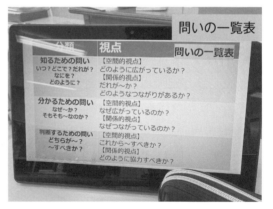

3 「南アメリカ州─開発の進展と環境保全─」授業展開プラン

❶個別学習の場面（デジタル単元表・問いの一覧表の活用）

　NHK for school の映像資料から，南アメリカ州の熱帯雨林には希少な生物や植物が生息していることや，南アメリカ州の熱帯雨林は，世界の実に約5分の1の酸素を作りだしている事実を具体的につかむことができました。

　その後，1970年代と2000年代の衛星写真の資料を提示し，「何が見えますか？」と生徒に問い，資料から読み取ったことを学級全体で共有しながら，学習課題を「『世界の肺』なのに，なぜ熱帯雨林は減少しているのだろう？」と設定しました。各自が予想を立てた後，問いの一覧表をもとに，学習課題に迫るための問いを立てました。Aさんは，問いの一覧表を参考にしながら，「熱帯雨林の開発によりどのような作物が生産されているのか？」と問いを設定して，追究する姿が見られました。

---

②【自分の問い】熱帯雨林の開発によりどのような作物が生産されているのか？大豆やコーヒーといった作物を生産していることが分かった。また、農地を開拓して銅鉱石を南アメリカから輸入していることが分かる。大豆の生産量は、アメリカについで生産量・輸出量が世界第2位であることが分かる。日本の銅鉱石・鉄鉱石は輸入相手国は、チリ・ペルー、ブラジルといった南アメリカ州の国々が占めており、農作物だけでなく、鉱山物も生産していることが分かった。バイオエタノールの原料となるさとうきびの生産がなされていることも分かった。不法な伐採も多い。

　問いがうまく立てられない生徒には，ウェビング・マップやピラミッドチャートといった思考ツールを活用し，自分自身の興味をもっていることや問題意識を可視化しながら，問いを立てるように助言しました。以下は，生徒が「問いの一覧表」をもとに立てた「問い」の一例です。

第3章　社会科「個別最適な学び」授業デザイン　中学校・高等学校編　**113**

○ 熱帯雨林の開発は私たちの生活にどのような影響があるのか？
○ そもそも熱帯雨林はどのように分布しているのだろうか？
○ 普段私たちが口にしている南アメリカ産の作物は何だろうか？
○ 開発は現地の人たちにとってどのような良さがあるのだろう？
○ アマゾン横断道路は何を運んでいるのだろうか？

　各自が立てた「問い」はロイロノート上の提出箱に提出し互いに共有しました。「方法（物）」や「場所（空間）」、「誰（人）」と学ぶのかは生徒に委ねました。教科書・資料集をもとに個人で追究する姿や、問いに共通性のある仲間同士でグループをつくり仲間と追究する姿。このように人的・空間・物的環境を解放し、自己選択・自己決定的な授業にすることで、主体性が生まれやすくなる状況となるよう留意しました。また、教室内に「文献コーナー」を設置したり、共有フォルダに動画資料一覧を保存したりすることで、気軽に多様な資料に触れることができるように環境を整えました。

❷協働学習（協働的に学習する場面設定・共有機能の活用）の場面
　『熱帯雨林の開発は悪いことばかりなのだろうか？』という問いを立ててＢさんは追究してきました。Ｂさんが追究してきた内容を学級全体で共有した後、「開発によるプラス面・マイナス面は何か？」「より影響が大きいのはどちらか？」というテーマで話し合うことになりました。以下は、話し合い時の板書です。

「さとうきびが生産され、地球に優しいバイオエタノールが普及した」
「大豆や肉牛など、生産されたもの私たちの生活を支えている」
「現地の人たちにとっては、開発は経済発展のために必要なことだ」
「経済発展を遂げてBRICｓとなった。暮らしが豊かになる」 **プラス面**

「先住民の住む場所が少なくなる」「スラムの形成」
「バイオエタノール需要の高まりで開発が進むことで
　環境問題が逆に悪化しているのではないか？」
「『地球の肺』が破壊され、地球温暖化が進行している」
「希少な生物が絶滅の危機に瀕している」 **マイナス面**

「開発によるプラス面・マイナス面は何か？」
「より影響が強いのはどちらか？」という
テーマで、個別学習での追究内容をもとに、
討論活動（協働学習）を行った。

　このように、各自が追究した内容をもとに、価値の対立を生み出すテーマで協働学習（討論活動）を行うことで、考えを深めることができました。

　話し合い後、「持続可能な社会の実現に向けて、優先的に取り組むべきことは何か？」という発展的な学習課題を設定して、持続可能な社会の実現のために何ができるのかを個人で追究しました。

　熱帯雨林の違法伐採の多さに着目したＤさんは、日本が様々な分野の技術力を駆使して世界の森林伐採対策に協力していることを知り、「途上国への技術支援」という対策に優先的に取り組むべきであると考えました。

　その後、ロイロノートの共有機能を活用しながら、「効果」「時間」という二軸の座標上に考えを位置しながら、個人での追究内容を全体で共有しました。子どもたちは、遠い南アメリカ州の問題に思いを馳せ、持続可能な社会の実現のために、世界や日本、そして個人でできることについて考えを深めることができました。

　以上のように、一斉授業と個別学習、協働学習をバランスよく単元全体で配置することで、設定した単元目標に迫ることができたと考えます。

4 「この子」の育ちと評価のポイント

「学習評価（勘所9）」（理論編 pp.138-142）では，「『いつでも，どこでも，だれでも』評価ができるようにすることが重要である」と田村学（2021）の言葉を引用しています。また，「思考力・判断力・表現力等」や「主体的に学習に取り組む態度」といった見えにくいものを見取るためのポイントとして，嶋野道広の「①広い目（子どもの姿を時間軸で関連付けて継続的に見取ること）②長い目（子どもの姿を空間軸で関連付けて多面的に見取ること）③基本の目（その授業で目指す子どもの姿をもとに見取ること）」を引用しています。

学びの履歴書である「デジタル単元表」は一人ひとりの考えの深まりや興味・関心の所在を見取ることができるだけでなく，学習前の考えや学習の経過・変容を捉えることができます。「この子の育ち」を俯瞰することができるので，上述の学習評価のポイントを押さえることができます。

南アメリカ州の気候や地形，熱帯雨林に生息する希少な動植物に着目し，『熱帯雨林はどのように分布し，どのような動植物が生息するのか？』という「問い」を立てたCさんがいました。普段おとなしい彼女は，図書室の文献資料を基に，黙々と追究活動を続けてきました。討論活動を経て，多様な考えに触れる中で，単元末の振り返りでは，以下のように記述しました。

> 追究する中で，地球上に存在する種の4分の1が生息しているといわれる熱帯雨林には未知の生き物がまだまだ存在していることを知りました。一方で，開発は，経済面や現地の人たちにとっては良い面もあり，私たちの生活は，南アメリカ州の開発に支えられている事実があることも分かった。『地球に優しく』と簡単に口にすることはできるけど，クラスで話し合った時にBさんが言っていたように，普段口にしている「肉」は熱帯雨林の開発によって消費できることができていることを考

えると，物事は単純じゃないなと思った。持続可能な社会の実現って簡単なことではないけど，様々な環境保全のための取り組みがなされていることも分かって，この問題について自分なりに考え続けていきたいと思う。

　そこには，個別学習と協働学習を通して，遠い南アメリカ州の課題と日本に住む自らの生活の間につながりを見出し，自分自身だけでは気づくことができなかった開発による影響のプラス・マイナス両面を見つめながら，持続可能な社会の実現に向けてできることは何かを問うＣさんの姿がありました。

　「発想の転換（勘所１）」（理論編 p34）では，「教師は職業意識が強すぎて，たえず子どもに何かを教えようとしたがる。子どもが迷惑をしていることが分かっていても『これだけは教えたことにしないと自分の責任は果たせない』と，子どもを自分につきあわせてしまうことさえある」という長岡文雄の言葉をあげながら，「子どもは学ぶ存在」と捉えることの大切さを説いてます。また，有田和正は「子どもたちはもともと，追究する存在である」という言葉を残しています。

　このような肯定的な子ども観をもつこと。そして何より教師である自分自身が，自立的な学習者であること。このことが，個別最適な学びの実現のための一歩目であると考えます。

　これからも一人ひとりの「この子」を捉えようとする姿勢を忘れずに，子どもの学びに伴走し，子どもたちとともに学び続ける教師でありたいです。

〈参考資料〉
・文部科学省（2017）『中学校学習指導要領（平成29年告示）解説　社会科編』東洋館出版社
・由井薗権・粕谷昌良監修／小学校社会科授業づくり研究会編著（2017）『小学校社会科 Before & After でよくわかる！子どもの追究力を高める教材＆発問モデル』明治図書
・田村学（2021）『学習評価』東洋館出版社

（西脇　佑）

2 中学1年 歴史
ユーラシアの動きと武家政治の変化

時代の特色を表現できる生徒を育む
―単元のデザインと複線型の学習を通して―

1 | 教材研究と単元デザイン

❶単元目標

> 「室町時代は，鎌倉時代と比べてどのような時代といえるか」という課題について考えることを通して，室町時代の特色や時代の推移・変化に気づける歴史的な見方・考え方を働かせつつ，他者との対話を交えながら根拠に基づいた自分なりのまとめ方で結論を導き出すことができる。

『中学校学習指導要領（平成29年告示）解説』では，本単元の思考力，判断力，表現力を身に付けるうえで，「課題（問い）を設定することで，社会的事象の歴史的な見方・考え方を働かせて，その課題について，多面的・多角的に考察，表現できるようにすることが大切である」と述べられています。

　本単元のポイントは，「武士の政治への進出と展開」「農業や商工業の発達」「東アジアにおける交流」という，国内の政治や経済，国際関係について理解し，生徒が幕府や外国，民衆等の立場に立ち，室町時代の特色を多面的・多角的に考察できるようにすることです。また，室町時代の特色を理解するためには，比較対象となる時代が不可欠です。そのため，主な比較対象は鎌倉時代としますが，場合によって平安時代を登場させます。そうすることで，貴族と武士の政治の違いについて再確認し，室町時代に対して生徒が自分なりのより深い考察ができることを目標としています。

❷単元計画（全7時間）

次	時	主な学習活動
1	1	○小学校で習った室町時代のイメージを共有する。 ○単元を貫く学習課題（以下，単貫課題と表記）を設定する。「（鎌倉時代と比べて）室町時代はどんな時代といえるか」 ○課題解決のための見通しを立てる。
2	2	○本時の学習課題「モンゴル帝国の出現は，世界にどのような影響を与えたか」について考えることを通して，鎌倉時代から室町時代に関連する国際関係を理解する。 ○単貫課題に関連しそうなことをまとめる。
	3	○本時の学習課題「元軍の襲来は，日本にどのような影響を与えたか」について考えることを通して，鎌倉幕府の滅亡までの流れを理解する。 ○単貫課題に関連しそうなことをまとめる。
	4	○本時の学習課題「鎌倉幕府滅亡後，政治はどのように変化したか」について考えることを通して，建武の新政から室町幕府成立の流れを理解する。 ○単貫課題に関連しそうなことをまとめる。
	5	○本時の学習課題「室町時代のころ，日本は東アジアとどのような交流をしていたか」について考えることを通して，室町時代の交易関係を理解する。 ○単貫課題に関連しそうなことをまとめる。
	6	○本時の学習課題「琉球や蝦夷地の人々は，日本や周辺の国々とどのように結びついたか」について考えることを通して，室町時代の交易関係を理解する。 ○単貫課題に関連しそうなことをまとめる。
3	7	○単貫課題に対する，自分の考えをまとめる。

第3章　社会科「個別最適な学び」授業デザイン　中学校・高等学校編　119

本単元のポイントは，３点あります。（唐木2021を参考にしています）

　１点目は，単貫課題を１次（課題把握段階）で生徒に提示することです。こうすることで，生徒はこれから何のために学ぶのか，どのようなことを理解したら良いのかという見通しをもつことができます。見通しをもたせることで，情報を自分なりに取捨選択する基準を生徒がもてるようにします。

　２点目は，２次（課題追究段階）の各本時の学習の振り返りで，単貫課題に関連しそうなことを生徒に考えてもらうことです。中学校では，入試に向けておさえてほしい語句が多くあります。その語句を押さえつつ，自分なりに語句を関連付けたり，比較したりできるようにすることで個別最適なまとめ方ができるようにします。

　３点目は，３次（課題解決段階）で，これまで学習した内容を生徒が自分なりに関連付けてまとめたり，他者との対話を通して深めたりできるようにすることです。ここで，生徒のその子「らしさ」を引き出す場を設けます。ここでは，教師の介入を極力避け，生徒の自己内対話，生徒同士の対話を促すことに教師は専念します。このように配慮することで，生徒が自分なりの基準にしたがって，既習の情報を関連付けたり，取捨選択したりして個別最適な方法で考えをまとめられるようにします。

❸単元をつくるにあたっての教材研究について

　自立した学習者を育てるために，教材研究で意識したのは該当する単元における「小中学校の内容比較」，「生徒の思考のズレ」が生まれそうな資料や，資料の出し方を明らかにするということです。

　「小中学校の内容比較」をなぜ行うかというと，生徒が少しでも意欲的に学んでみたいと思えるようにするためです。例えば，本単元における小中学校で扱う主な内容は以下の通りになります。なお，教科書は私の所属する自治体で扱っている教科書に限っています。

小学校	元との戦い　執権　北条時宗　蒙古襲来絵巻　室町幕府 足利義満　金閣　足利義政　銀閣　書院造　雪舟　水墨画 能　狂言　室町時代の農業
中学校	モンゴル帝国　チンギス＝ハン　元　フビライ＝ハン　執権 北条時宗　元寇（文永の役・弘安の役）　徳政令　後醍醐天皇 足利尊氏　建武の新政　南北朝の内乱　守護大名　足利義満 管領　倭寇　勘合貿易　朝鮮　琉球王国　中継貿易　蝦夷地 アイヌ民族　二毛作　馬借　座　町衆　惣　正長の土一揆 応仁の乱　一向一揆　下剋上　戦国大名　戦国時代　分国法 城下町　金閣　狂言　連歌　足利義政　銀閣　書院造　雪舟 水墨画　お伽草子

　これらを見て気づくことは，小学校が人物や文化を中心に室町時代を理解できるようになっているのに対し，中学校は政治，経済，外交，文化等に関わる事例が増え，多面的・多角的な考察ができるように構成されていることです。これを受けて教師は，生徒が室町時代の政治，経済，外交等について未知である可能性が高いことを想定に入れておくことができます。この把握によって，「生徒の思考のズレ」をイメージしやすくなると考えます。

　次に「生徒の思考のズレ」が生まれやすい発問や資料提示を考えます。これは，１次の単貫課題を提示する時と，本時の導入段階で特に意識します。

　この２つの視点をもとに教材研究をすることで，生徒の追究意欲を増進させ，自立的に学ぶ姿を期待します。

---

2 | 「ユーラシアの動きと武家政治の変化」個別最適な学び　成功のポイント

　個別最適な学びを成功させるために，次の２つの勘所を意識しました。

❶単元の授業デザイン（勘所３）

　単元の授業デザインでのポイントは，「一斉授業」と「個別学習」を単元

内でどのように構成するかがポイントになります。本単元における「一斉授業」と「個別学習」のすみわけは以下のようになります。

次	一斉授業	個別学習
1	①室町時代の既知と未知を共有する。 ②単貫課題を共有する。	①どんな知識が必要になりそうか見通しを立てる。 ②予想を考える。
2	①中学校で出てきた室町時代に関する知識の確認。	①単貫課題の解決に必要になりそうな情報を集める。
3	①生徒の困り感が出て手が止まっていたら，全体で共有して考える。	①単貫課題に対する自分の考えをまとめる。 ②他者と協働して自分の考えをより深める。

このように単元をデザインすることで，期待する生徒への効果は以下の2つです。

【一斉授業】：単元の学習内容を全員が把握し，中学校で必要になる知識を確実に習得できる。

【個別学習】：自分なりに学習内容に対する見通しをもち，目的意識をもって自立的に学習を進められるようになる。

個別学習の中で，他者と対話できる環境を設けることで，自分の考えをより深めることができる。

個別最適な学びを実現する目的は，教科における確かな知識をもとに，課題に対してよりその生徒「らしい」思考・判断・表現ができるようになることだと考えます。そのためには，確かな知識や知識を関連付ける思考方法を学ぶが必要になります。生徒の思考や反応をイメージしながら単元をデザインすることが，個別最適な学びを実現するために，必須になる事項だと考えます。

❷学習の複線化（勘所5）

　これまでの私の授業は，単一なまとめ方に終始しており，生徒が主体性を発揮したり，資料を活用したりする能力を育む機会を十分に設けることができていませんでした。当然，他者との対話に必然性を感じることもありません。したがって，他者との対話を通して自分の考えを深められることもありませんでした。また，一斉授業においては同一資料，同一見解ばかりの授業がほとんどでした。このような授業からの脱却をめざす手立てとして，学習の複線化を意識してみました。

　学習の複線化のうち，本単元で意識したのは理論編 p.88 にある「学習の複線化」を成功させるポイントです。

　学習の「何を」複線化するかから，「学習方法」の複線化，その中でも「まとめ方」の複線化に取り組みました。また，学習過程の「どこを」複線化するのかから，「追究活動」場面の複線化と「まとめる」場面の複線化を充実させ，生徒たちに委ねる場面を意識的に設けました。こうすることで，生徒が自分で「選択」できる場面が生まれ，生徒が主体性を発揮し，資料を活用したり，他者との対話を通して自分の考えを深めたりできる姿を期待しました。

3 「ユーラシアの動きと武家政治の変化」授業展開プラン

❶単元の導入・展開・終末で生徒が学習内容と主体的に関われるようにする

　本単元の目標は，生徒が歴史的な見方・考え方を働かせ，室町時代について多面的・多角的に考察できるようになることです。これを教師が全て教えるのではなく，生徒が自ら獲得していけるような環境を整えることが重要であると考えます。これらを意識した単元のデザインを次頁の通り設けます。

【1次】

　1次の最初に「室町時代と言えば，どのようなイメージがありますか」と生徒に問います。前頁の資料は実際に生徒が提示してきたイメージマップです。やはり，人物や文化を中心に室町時代を意識していることが分かります。ここで，蒙古襲来絵巻，足利義満など生徒の知っている資料を提示するとともに，勘合貿易や応仁の乱等の資料を提示することで，自分たちの未知なる室町時代のイメージに触れることで，もっと調べてみたいという意識を醸成できるようにします。

【2次】

　2次は具体的な知識を獲得していく段階です。ここでのポイントは，授業の終末時に，単貫課題に関連する事項を自分なりに抽出する時間を設けることです。本時の課題に対する「まとめ」ももちろん記録させますが，加えて「単貫課題と関連しそうな内容」を考えさせることで，その生徒「らしさ」を表出させることができると考えます。記録はタブレット端末にワンペーパーポートフォリオ（以下，OPPと表記）として蓄積しています。実際のOPPを見てみると，各本時の「まとめ」は似たような内容になりますが，「単貫課題と関連しそうな内容」に関しては，生徒ごとに異なる事項が見られます。

【3次】

　3次では，実際に自分のまとめやすい方法で単貫課題である「鎌倉時代と比べて，室町時代はどのような時代といえるか」に対する自分の考えをまとめます。次頁の資料が，実際に生徒がまとめた内容になります。結論は類似していますが，その結論を導くまでに活用している情報，思考方法が異なっています。ここで大切なのが，生徒が自分なりの方法を用いて自分の考えをまとめている点です。教師が黒板に書いたまとめを写すだけでなく，生徒が学習内容に深く関わり，自分なりの方法で導き出したまとめだからこそ，深い理解として生徒の中に落とし込まれていくことが分かりました。

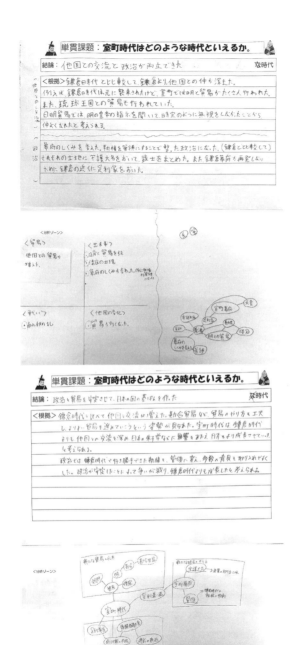

❷対話の必然性を引き出し，個別最適な学びを深める自然な対話を促す

　生徒が自立的な学びができる単元デザインや，学習の複線化を実施し，生徒が自分なりのまとめ方や思考法でまとめていると，考えが行き詰まって手が止まる場面が見られます。その際，対話を自由にできる環境を準備しておくことで，自然と対話が生まれます。個別に進めるのか，他者と対話をしながら進めるのかを選べることは，これも学習方法の複線化の一種と考えます。右の写真は，はじめグループで話し合っていたところと，行き詰まった末に他のグループにも話を聞きに行っている場面です。自分で考える

か，他者と対話をするのかの場を選べる環境にしたからこそうまれた，必然性のある自然な対話だと考えます。

4　「この子」の育ちと評価のポイント

〈自分なりに予想を立て，追究し，他者との対話を通して考えを練り上げられる生徒〉

　個別最適な学びを実現させるため，学習内容に対して生徒が自分の考えを表現する場面や，見通しをもったり，獲得した知識を活用したりする場面を

意図的に設定してきました。生徒Ａは，１次の予想では，「武士らしいけど武士らしくない時代」という興味深い予想を立てていました。しかし，なぜそのように結論付けたのかうまく説明できていませんでした。何が分かれば自分の結論に根拠を出せそうかと問うと，悩みながらも他の生徒の考えも踏まえながら，「他国との貿易をしていたか。武士たちは戦いに勝ったか。足利氏はどんな政治をしたか」という見通しを立てていました。２次では，日明貿易や琉球王国との交易に触れて，戦いに勝つだけでなく経済的に優位な立場をつくったことも関係しているのかもしれないという視点を獲得していました。３次では，４象限に分類する方法と，イメージマップを組み合わせた思考法で，獲得した知識を関連付けて自分なりの結論を出し，行き詰まった際には他者との対話を通して，自分の考えを練り上げていました。

> 生徒Ａ：「武士が戦いに勝ったというのは前の鎌倉時代と同じだから，室町らしさを表すのは，やっぱり貿易だと思う」
> 生徒Ｂ：「でも，鎌倉時代も外国との貿易はしてたんじゃないの」
> 生徒Ａ：「確かにしてたかもしれないけど，義満のやった日明貿易ほどしっかりしたものは出てこなかった。それだけ室町幕府は貿易が大事だったということだと思う」

　上記のやり取りは生徒Ａが生徒Ｂとしていた対話です。これまで獲得した知識と鎌倉時代を比べて根拠をもとに自分なりの結論を述べられているのが分かると思います。この姿が見られたのは，単元のデザインや学習の複線化を意識した成果と考えます。評価のポイントは，本時だけでなく，単元全体を通して「この子」の学びや変容を観るということだと感じています。

　個別最適な学びというには，まだまだ生徒に委ねられるポイントはあったかと思いますが，理論編 p.110にあるように，徐々に生徒に委ねる範囲を広げていけると良いと感じています。今後も，教科の学びや生徒の資質・能力を育むための個別最適な学びを目指し，授業研究を進めていきたいです。

〈参考資料〉
・唐木清志（2021）「子どもの「問い」を継続させるための工夫」『社会科教育』10月号，明治図書

（小田　和也）

3 中学2年 地理
世界の諸地域(ヨーロッパ州)・日本の姿
異分野融合のカリキュラムマネジメント
—連続性と系統性を意識した社会科授業の実現—

1 教材研究と単元デザイン

❶単元目標

> イギリスの自然環境の特色について、日本の地形や気候と比較し関連付けながら、多面的・多角的に社会的事象を考察することを通して、その地理的特色について具体的に把握し、表現することができる。

　本校は6年制の私立中高一貫校であり、中学・高校分野の系統性を意識し、体験活動を中核に置いたカリキュラム構成をしています。特に2・4学年においては国際人としての資質・能力を高めることをねらった2週間程度のイギリスでの海外研修があります。学ぶ意欲や必然性をさらに高め、研修への見通しをもたせるためにも、本単元を事前学習として位置付けています。本実践では、これまでの既習事項を関連付けながら、地理的分野の系統性を意識した単元づくりを行いました。まず、日本の都道府県や地方区分、地形や気候の特色について小学校や中学1年生での既習事項を踏まえ、新出分野との関連性を図った上で、イギリスの地形・気候や産業について学びます。自国を知り、理解を深めた上で比較、関連付けながら考察し、広くイギリスの地理的特色について具体的に捉え、表現することができることを目指しました。この単元を通して、イギリスの地形・気候・産業について日本の地理的特色と関連付けて考察し、表現することができるようになってほしいです。

❷単元計画（全7時間）

時	内容	○指導上の留意点【評価】
1	1　日本の都道府県と県庁所在地	○日本の都道府県や県庁所在地の位置やその特色，地方区分について，これまでの学習を振り返りながら理解することができる。　　　　　　【基本的な知識・技能】
2	2　日本の領域	○日本の領域の特色について，排他的経済水域，領土問題などをもとに考察し，表現することができる。 　　　　　　　　　　　　　　　【思考・判断・表現】
3	3　日本の気候	○日本の気候的な特色について，雨温図をもとに，各地域の気候的特色について資料から読み取り，具体的に把握することができる。　　　　【基本的な知識・技能】
4	4　イギリスの位置	○イギリスの位置について，緯度や経度などこれまでの学習と関連付けながら地図帳や資料などから読み取り，把握することができる。　　　　【基本的な知識・技能】
5	5　イギリスの地形と気候	○イギリスの地形と気候について，日本と比較しながらその差異に注目することで，地理的特色を読み取り，表現することができる。　　　　　【思考・判断・表現】
6	6　イギリスの資源と産業	○イギリスの資源と産業の特色について地図帳を活用しながら，歴史的分野の産業革命と関連付けながら考察し，表現することができる。　　　【思考・判断・表現】
7	7　単元のまとめ	○本単元を振り返り，地理的視点からイギリスについて説明することができる。　　　　【基本的な知識・技能】 ○7月から始まるイギリス研修において，授業での学びと関連付けて表現し，見通しをもつことができる。 　　　　　　　　　　　　【主体的に取り組む態度】

　本単元のポイントは，3点あります。

　1点目は，学びの必然性をもたせる工夫です。上述したように，本校では

第3章　社会科「個別最適な学び」授業デザイン　中学校・高等学校編　129

海外研修が行われます。その土地の地理や歴史を知った上で，現地に赴くことでより研修に向けた見通しをもち，豊かな学びが得られると考えました。2点目は，カリキュラム・マネジメントの視点を取り入れた単元構成の工夫です。これまでの既習事項を引き出しながら連続性をもたせることで基本的な知識・技能を深め，概念として把握することを目指します。そのため，地理的分野での基本概念を整理し，習得すべき資質・能力を整理しました。これまでの教科書の順序に準拠した配列とは異なり，横断的に異分野を組み合わせた構成になります。それぞれの分野のつながりを意識して組み合わせることで，有機的に学びがつながると仮定して授業の配列を工夫しました。3点目は，授業規律の確認です。本単元の実践は，2024年度4月から5月にかけての実践です。今年度本校に赴任したため，初めて受け持つ生徒との授業です。そのため，性格の把握，学習状況や理解度や学習履歴を把握することが必要不可欠です。特に，資料や地図の読み取り方や小単元の連続性をもたせて単元を捉えること，話し合い活動における留意点，OPPシートの記述の仕方など，一つひとつ確認して，学習規律の確立を図りました。学びに向かう視点を揃え，生徒と教師が目線を合わせることを目指しました。

❸単元をつくるにあたっての教材研究について

　一番意識したことは異分野を複合的に構成し直した点です。従来の中学校での地理的分野は，世界と日本の地域構成や世界のさまざまな地域について学んだ上で，日本のさまざまな地域を学びます。イギリス研修への有機的な接続を考慮し，単元を構成しました。これまでの社会科の授業での既習事項を洗い出した上で，今後学ぶ予定の単元との連続性を意識した授業配列を行いました。その結果，指導するべき重要語句や基本的な概念の精選をしたことで，教材研究の視点がはっきりしました。具体的には，生徒にとってどのような学びをすれば，より効果が高まるのか，生徒が成長する姿をイメージして毎時間の授業を組み立てます。それぞれの時間での重要語句や教師からの発問もここで整理します。このような形で指導内容を一旦分類し，再構成

する必要性を認識することができるとても良い機会でした。

【本単元と関連する項目】

（第1部　世界と日本の地域構成） ○第1章　世界の姿 　　2　いろいろな国の国名と位置　3　緯度と経度 ○第2章　日本の姿 　　1　日本の位置　3　日本の領域とその特色　4　都道府県と県庁所在地
（第2部　世界のさまざまな地域） ○第2章第1節　ヨーロッパ州 　　1　ヨーロッパ州の自然環境　4　ヨーロッパの農業とEUの影響 　　5　ヨーロッパの工業とEUの影響
（第3部　日本のさまざまな地域） ○第2章日本の地域的特色 　　1　山がちな日本の地形　3　日本の気候　6　日本の人口 　　7　日本の資源・エネルギーと電力
（歴史的分野）東京書籍『新しい社会　歴史』　第5章　開国と近代日本のあゆみ 1節　欧米における近代化の進展5産業革命と資本主義

帝国書院『社会科　中学生の地理　世界の姿と日本の国土』より筆者作成

　第1時では，日本の都道府県と県庁所在地について，小学校での学びを振り返りながら，成り立ちや地方区分を学習します。第2時では日本の領域について，排他的経済水域があることの利点や，それを守る取り組み，領土問題，主題図などを活用しながら読み取ります。第3時では，日本各地の気候の特色について，雨温図の読み取りを行います。第4時から6時では，イギリスの位置や地形や気候，国旗の成り立ち，産出される鉱産資源など，これまでの既習事項や，今後学ぶ分野と関連付けながら展開します。また，産業革命が可能になった地理的要因や歴史的経緯も触れて指導します。地図帳の使い方や資料の読み取り方なども都度確認しながら進めます。第7時では，単元全体を総括して振り返りながら，OPPシートにまとめを記入します。

第3章　社会科「個別最適な学び」授業デザイン　中学校・高等学校編　131

2 | 「イギリスの自然環境」個別最適な学び　成功のポイント

　個別最適な学びを実現させるために，次の2つの勘所を意識しました。

❶個をさぐること（勘所2）

　本実践においては特に，個をさぐり，それぞれの特性を把握することを重視しました。その手段として活用したのが OPP シートになります。宗實（2023）が活用している「単元表」と同様の趣旨で行います（理論編 p52）。生徒の記述を教師が見取ることで，どんな学びを積み重ねたのか，どのような成長やつまずきを感じているかを確認することができます。さらには生徒の記述をもとにした個別指導も可能です。私は毎時間生徒と OPP シートのやり取りを通じてコメントを記入したり，場合によっては直接生徒と対話した上で，記述の意図を探ったりします。生徒がどのような学びができたか見取るためにも，このようなやり取りを重要視しています。勘所9にある「学びの自己調整」という点でも自らの学びをメタ認知できる点で有効です。今回，生徒にとって OPP シートは初めての使用でした。そのため，重要語句と気づきの記述をより充実させ，自己肯定感を高めて学びの意欲がさらに増すためにも，生徒と対話し，称賛する機会を意識的に設けました。

> 【単元評価シート記述の意図】
> 　毎時間，授業の終末段階において記述の時間を設けます。その際に，毎時間の課題を解決するためのヒントとなる重要語句について，ノートや配布した資料を参考に記述します。気づいたこと・感想の欄については，その授業内における率直な気づきや感想について記述します。生徒には，素直な驚きなどありのままに書くように指示します。また，教師の説明や指導についての質問や意見・要望について記入することを促します。これを手がかりに教師と生徒の双方向的なやり取りを目指しています。

生徒の良さを見出し，学習意欲を高め，より良いあり方を追究できるようになってほしいものです。

❷学級の支持的・自治的風土（勘所14）

宗實（2023）によると，学級集団の必要条件として「ルールの確立」と「リレーションの確立」を挙げています。授業においても同様であると私は考えます。それぞれの発言を認め合い，共感し，共に学び合い，伴走し合う集団であればこそ，支持的雰囲気が醸成さ

れ，より豊かな授業が実現できると思います。そのための基礎固めとして，4・5月は特に意識して関係づくりを授業内で意図して取り組むことが必要不可欠です。だからこそ，上記のようにOPPシートを通して生徒理解に努めます。さらに，心理的安全性を担保することが大切です。学級としても関係性が構築できていないときだからこそ，「発言が受け止められる」「安心して分からないという事ができる」という安心感を抱く事ができるよう，生徒の思考に寄り添い，良さに気づいて引き出す事ができるような声かけや目線，仕草などを意識して行動しています。まだまだ至らない点はありますが，より一層生徒理解に努め，共感的理解のある授業を目指したいです。

3 │ 「イギリスの自然環境」授業展開プラン

❶協働して問題解決に取り組む仕掛け作り

第3時では，北海道の気候など，雨温図をもとに全国各地の気候の特色について読み取りを行います。その際に，ただ読み取って記録するのではなく，「見分けるポイント」を記録してもらいます。どのようにしたら雨温図の特徴を捉え，区別する事ができるのか，個別の発想を大切にしながら記述することを指示します。その際には話し合い活動をもとに，共有し合い，練り上

げて文章に表現していきます。季節における降水量の変化や年間平均気温の差異など、それぞれの生徒によって見分ける視点が異なるため、意図的に生徒がともに関わり合う場面を設定することで、生徒によって異なる見方や考え方に気づかせるこ

とを目指して行いました。教師は雨温図の見方について適宜支援しながら巡視します。季節によっての降水量の差異や温度の変化の推移など、それぞれの生徒の困りごとに応じて支援策を講じながら生徒と対話して進めます。生徒の実態把握とつまずいている箇所の確認と解消のためにも、対話の時間は必要不可欠です。生徒同士の話し合い活動の中で、「ここを見ればいいんだね」「なるほどそこに注目すると分かるんだね」「この雨温図が読み取りにくいから教えてくれる」など相互に関わり合いながらまとめる姿も多く見られました。繰り返し行っていくことで人間関係の形成や、分からないことを安心して聞き合えるような心理的安全性が担保された空間になると思います。授業を通し、相互に学び合い共感しながら「伴走し合える」学級集団を目指してほしいです。

❷ 多様な意見を認める指示的風土の醸成

第4時では「イギリスを地理的側面から見つめ、日本との相違点を探そう」という課題で授業を実施しました。地図帳を用いながら緯度・経度などを用いながら世界の中でのイギリスの位置について学びます。その際には、日本と比較しながら既習事項を用いてその相違点について探ります。机間巡視をしながら生徒たちには「気づきをどんどん記述してみよう」「間違いを恐れず、まずは記述してみよう」と促します。教師側が「どんな意見でも受け止める」「安心して記述して良い」という雰囲気を醸成することにより、それが生徒にも波及し、安心して意見を表明する事ができると考えます。机間巡視の際には意識して「鋭い！」「〜の視点がいいね！」「この気づきが素晴らしい」など意図的に価値づけ、生徒の良さを認め合う場面を確保しまし

た。地図帳や教科書の資料をどうやって読み取れば良いか，既習事項をどのように引き出せば良いか，困っている生徒に対して問いかけながら適宜支援して進めます。このように，課題解決をするにあたり，全体への活動の指示をした後，個別の進捗状況の把握や状況に応じた支援が必要不可欠です。授業の終末場面では，相違点を全体共有する場面を設けました。共通点として「北半球に位置する」「海に囲まれた島国」「温帯である」「四季がある」と多くの生徒が気づいた一方で，「周辺の海域で魚が多く取れる」「ユーラシア大陸に隣接している」という意見も出たときには，驚きをもって受け止める生徒もいました。新たな見方・考え方に気づくことでより視野が広がり，学びが深まっていくことを期待したいものです。

4 「この子」の育ちと評価のポイント

本実践では，2名の生徒を取り上げます。1人目はNさんです。Nさんは課題解決に向けて粘り強く取り組み，学んだことを丁寧に整理しています。毎時の振り返りを記述する際には，新たな発見を素直に驚き，

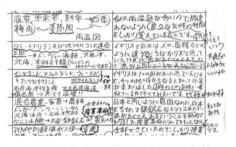

さらなる学びに繋げる様子が記述から見て取れました。今後，学級の中核として活躍し，その優れた洞察力や表現力を波及させるためにも，特に話し合い活動に積極的に取り組み，共有し合うことで高い次元に昇華してほしいと願います。そこで単元を終えた後に本人と次のようなやり取りをしました。

> Q授業中話し合う場面が増えて，どのような発見や成長につながりましたか。
>
> A協力して効率よく調べたりすることができ，友達とコミュニケーションをとるきっかけになった。話し合うことで受け身だけの授業にならず，積極的に学ぶことができ，様々な視点から物事を捉えられるようになった。

このような記述から，協働することによる学びの意義や効果について認識

しながら学習していることが読み取れます。特に「積極的に学ぶことができ」というところから，本人が他者の意見をもとにより視野を広げて物事を捉えた上で学習に臨んでいることが伺えます。また，次の質問では，

> Q単元評価シートを書くようになって，どのような成長を感じていますか。
>
> A授業を振り返ることにより，大事なポイントや自分の気づきを文として表しやすくなった。内容を忘れないうちに振り返りを書くことによって，頭の中に「学んだこと」としてしっかり記憶に残すことができた。次の授業の際に振り返りシートに目を通すことで，前に習った内容をすぐに思い出すことができ，前に習った内容と結び付けて，繋がりとして覚えることができるようになった。

　今回，小単元の配列の工夫やOPPシートの活用によって意識していた授業と授業の連続性を実感しながら学びを深めている事が伺えます。特に，前時との繋がりを結びつけて新たな知識として概念化できていることを実感できている点で，効果的だったことが読み取れます。単発の知識ではなく，扱う事が大切だと改めて気づかせてくれました。

　2人目はSさんです。Sさんは明るい人柄から，周りに人が絶えず集まり，関わり合って過ごしています。また，自分の考えを伝えたり，論理的に表現したりする力に長けています。物怖じせず堂々と自分の考えを伝えられることから，集団の中心として周りの生徒を引っ張り，リーダーとして立ち振る舞うことを期待しています。そんなSさんですが，授業をしていく中で，周りの生徒を巻き込みながらリーダーシップを発揮して学習を進める姿が増えました。例えば，資料を読み取った気づきについて，周りの生徒と共有し合う場面が多く見られました。周りの生徒も学習に熱中し，話し合い活動が盛り上がっていました。学級の集団として少しずつ成長しています。ここで，

単元のまとめでの記述

単元の見通しをもって学んだことで次のような変化を感じる事ができました。

Sさんが授業で学習したことをもとに、さらにどんなことを学びたいか、記述できたことこそ、まさに学びの「自己調整」ではないでしょうか。具体的には、統計資料を級友と関わり合いながら活用し合ったことが見取る事ができます。さらにはヨーロッパの近隣諸国にも目を向けて、比較しながら追究しようとする態度も伝わります。追究意欲を全面的に表現するになった点が、本人にとって大きな成長でした。後にこのように話をしてくれました。

Q単元評価シートを書くようになって、どのような成長を感じているか。
A振り返りを書くことによって、後からノートやシートを見直した時に、その記入した時の自分が苦手だったところを把握できるので、復習やテスト勉強をスムーズに行うことができるようになった。
Q授業中話し合う場面が増えたことで、どのような発見や成長につながりましたか。
A自分と同じ意見でも、相手がそれについてもっと知っていたらさらに話題を発展させて疑問が生まれてくるので、より内容を深掘りしながら授業を受ける事ができた。

上記の2人のように、単元を貫き、連続性をもたせながら授業を進めることで学びの必然性を実感し、自己調整を図っていくことで概念としての生きた知識の獲得に繋がります。「誰一人取り残さない」授業の実現のためにも個を見取り、一人ひとりを大切に扱うことが重要です。今後も生徒とともに伴走し、生徒が自律し、「自走」して学び進められる授業の実現を目指し、これからも研究に挑戦していきたいと強く思います。

〈参考資料〉
・唐木清志編著（2023）『社会科の「問題解決的な学習」とは何か』東洋館出版社
・堀哲夫監修中島雅子編著（2022）『一枚ポートフォリオ評価論　OPPAでつくる授業』東洋館出版社

（根本太一郎）

4 中学2年 地理 日本の諸地域 中部地方
産業が発達した背景を探る
―問いの吟味と非認知能力に焦点を当てて―

1 教材研究と単元デザイン

❶単元目標

> 中部地方は東海地方，中央高地，北陸地方に区分され，それぞれ異なる産業が発達した背景について，自然環境や交通などと関連付けて多面的・多角的に考察し，それぞれの地域で産業がどのように発展してきたかをもとに主体的に学習したことを振り返り，今後の学習に生かそうとしている。

　中部地方は東海地方，中央高地，北陸地方に区分されます。同じ中部地方でも，それぞれの地域で発達する産業は異なります。例えば，農業や漁業などの第一次産業が発達した背景を追究すると，これまでの学習を踏まえて，自然環境とのつながりを見出すことができます。あわせて海に面しているから漁業が発達することは確かですが，それがその地域を代表する「盛んな」産業として位置付くには，他の地域にはない特徴があるのではないかということに気づきます。本単元では，これまでに学習した見方や考え方を働かせながら課題追究する中で，多様な視点が関連して，その地域の産業が発達していることを捉えていくことができるようにしています。本単元を通じて，中部地方の地域的特色を見方や考え方を働かせながら理解することが大切です。また，そこで学び得た視点を生かして学習することで課題解決する力を身につけさせるとともに，歴史的分野や公民的分野での学習にも生かすことができるようにしたいと考え，本単元の目標を設定しました。

138

❷単元計画（全6時間）

時	ねらい・学習活動等
1	【本時のねらい】 中部地方の自然環境と産業を確認し，なぜ地域によって盛んな産業が異なるのか，自らの考えをまとめる。 【本時の課題】 中部地方ではどうして地域によって降水量や気温に違いがあるのかな？ 【単元の問い】 なぜ中部地方では地域によって盛んな産業が違うのかな？
2	【本時のねらい】 東海地方の工業の特徴を踏まえ，工業発展には位置や交通が関係していることを調べ，説明する。 【本時の課題】 東海地方で自動車産業が盛んな理由とは何だろう？
3	【本時のねらい】 東海地方の農業や水産業の特徴を踏まえ，産業の発展には太平洋側の気候や交通が関係していることを調べ，説明する。 【本時の課題】 どうして東海地方で第一次産業が盛んなのかな？
4	【本時のねらい】 中央高地における農業と工業の特徴を踏まえ，産業の発展には中央高地の気候や交通が関係していることを調べ，説明する。 【本時の課題】 なぜ長野では他の県でレタスを出荷していない時期に出荷できるのかな？ 精密機械工業が諏訪湖周辺に今もあるのはどうしてかな？
5	【本時のねらい】 北陸地方で地場産業や農業の生産の特徴を踏まえ，産業の発展には日本海側の気候や交通が関係していることを調べ，説明する。 【本時の課題】 北陸地方の農家はどうして稲作だけではなく，伝統工芸品も作っているのかな？
6	【本時のねらい】 これまでの学習を振り返り，単元の問いに対する考えをまとめる。 【単元の問いに対する考えをまとめる】 なぜ中部地方では地域によって盛んな産業が違うのかな？

第1時では，中部地方で盛んな産業の写真（自動車，レタス栽培，伝統工芸品等）から，どの地域で盛んか予想し，同じ中部地方であるにも関わらず，

第3章　社会科「個別最適な学び」授業デザイン　中学校・高等学校編　139

どうして盛んな産業が異なるのか疑問を見出し，単元の問いを設定します。

　第2時では，東海地方の自動車産業に注目し，沿海部にあるメリットだけではなく，交通網の利用や大都市との近さなどの地理的条件を見出します。

　第3時では，同じく東海地方の農業や漁業に注目し，前時に学習した交通網の発達が第一次産業にも影響を及ぼすことを見出します。

　第4時では，中央高地のレタス栽培と精密機械工業に注目し，気候条件に着目するとともに，大消費地への交通網として高速道路が発達していることを見出します。

　第5時では，北陸地方の伝統工芸に注目し，農家が農業だけではなく，伝統工芸に取り組む背景として気候条件があることを見出します。

　第6時では，第1時に設定した単元の問いに対する自らが見出した解を整理する時間を位置付けます。

❸単元をつくるにあたっての教材研究について　●━━━━━━━━━●

　中学校学習指導要領（平成29年告示）解説社会編には，「産業を中核とした考察の仕方については，地域の農業や工業などの産業に関する特色ある事象を中核として，それをそこでの自然環境や交通・通信などに関する事象と関連付け，産業が地域の自然環境や交通・通信などと深い関係をもっていること」と示されています。ここで述べられている自然環境とはどのような環境なのか，交通はどのように関わっているのか，ということが本単元を構想する上でポイントになる視点です。中学校地理的分野の教科書を他社のものを含めて分析したところ，中部地方は「産業を中核とした考察」としている教科書がほとんどです。従って，本単元は産業を中核とした考察が最も生徒にとって追究しやすい視点であることが分かります。本単元である中部地方において，産業が発達した背景には何があるのか，それを地理的な視点で生徒が検討する上で「農業＝気候」，「漁業＝沿海部に位置している」，といった単純なイコール関係ではなく，それ以外の要素が関連しているという視点で教材研究を行います。そうすると，産業の発達の背景としてどのような自

然環境があるのか，どのような交通の発達があるのか，といった具体的な視点で検討がなされます。そうした具体的な検討の末に生まれた単元構成，発問，生徒の活動の構想などが本単元を充実したものにする教材研究の要素であると考えています。

2 ｜ 「産業が発達した背景を探る」個別最適な学び 成功のポイント

　個別最適な学びの実現を目指して，以下の2つの勘所を意識しました。

　1つ目は「「問い」の吟味」（勘所4）です。授業は一斉授業の場面（集団思考場面）と個別学習の場面（個人思考場面）によって構成しています。一斉授業の場面では社会的事象をもとに生徒の疑問から学習課題を設定すること，生徒の気づきをもとに学習課題を協働的に解決していこうとすることがあります。個別学習の場面には学習課題をもとに，あらゆる手段を講じながら課題解決に迫る営みがあります。こうした一斉授業の場面と個別学習の場面は1単位時間の中で設定されて課題解決に迫っていきます。一斉授業の質は個別学習の質に左右されます。生徒たちの興味・関心に合わせて調べる個別学習で発見したことを，一斉授業において生かすことで授業がより豊かになります。

　一斉授業でも個別学習でも学びを豊かにするためには「問い」が必要です。田村（2018）は，「子どもの発言が，周囲の子どもの発言，これまでの議論とつながっているか。これは学び合いの質を語る上で重要なポイントとなる」と述べており，生徒の学びを受け入れ，つなぐ姿勢は深い学びを達成する上では欠かせないものであるとしています。問いは生徒から自然に発生するものもあれば，教師の問い方が生徒の内言になって自らの問いになることも当然あります。そこで生徒が問いをもち，自らの力で解決できるようにするために，どのような問い方があるのかについて，単元冒頭に「問いの一覧」（理論編 p.79）を配付しておきます。

　また，個別学習を生かした一斉授業においてはつなぐ発問も有効に機能し

第3章　社会科「個別最適な学び」授業デザイン　中学校・高等学校編　**141**

ます。つなぐ発問の一例として，生徒の発言を止めて「〜さんがこの後何を言おうとしているか分かるかな？」と続きを考えさせたり，理解の早い生徒に対して「困っている人は資料のどこに注目したら気づくことができるかな？」とヒントを出させたりします。これによって，学習が分かっている生徒だけで進んでいくのではなく，学級全体として課題に向かい，一斉授業を通して個別学習を見つめ直すことで，自らにはない視点をもとに振り返ることができるようになります。

　２つ目は「非認知能力」（勘所10）です。第１時で同じ中部地方でも，地域によって盛んな産業が異なることについて，「どうしてだろう？」「何が関係しているのかな？」という疑問から，「自然環境が関係しているかもしれないからそこを中心に調べてみよう」などと学習への見通しをもつ力をもって課題解決に向かう非認知能力が発揮されます。また，生徒の個人思考の課題追究の過程において，根拠を見出すために「粘り強く考える力」が発揮されたり，個人思考の中で発見したことを級友と関連付け合う「他者と協働する力」が発揮されたりするなどの非認知能力の育成を図りました。先に述べた学びを展開することによって，個別学習で得られたことを一斉授業で生かしてこそ，分かる生徒の力も生かされ，いわゆる他者と協働する学びにつながるのではないかと考えます。このような過程を通して学習することが，結果として非認知能力の育成につながり，協働性を生かした課題解決能力が養われるのではないかと考えます。

3　「産業が発達した背景を探る」授業展開プラン

❶「問い」の吟味（勘所４）

　第１時では，生徒たちが疑問に感じた「同じ中部地方でも盛んな産業が違うのはどうして？」をもとに単元の問いを設定します。

　第２時では，第１時で取り上げた東海地方で盛んな自動車産業について，盛んな背景について個人思考で追究していきます。個人思考したことを集団

思考の場面で共有する過程で「(都市が) 海沿いにあるから輸出入に便利」であるということが地図帳などの根拠をもとに明らかになりました。

図1　第2時板書

　しかし，ある生徒からは「海沿いというのなら日本海側に面する北陸地方でもいいのではないか」という疑問があがり，新たな課題が生まれてきました。海に面しているから輸出入に便利という単純な話ではなく，他に理由があるのではないかという追究が生徒たちの中で始まりました。改めて個人思考で追究する中で，盛んな理由が国外ではなく国内にあるのではないかということに気づく生徒が出てきて，生徒から「どうしてそう思うの？」という質問があがりました。これは日常的に教師が「どうしてそう思うの？」「どこに注目したら気づくことができるのかな？」といった発問を繰り返していたことで，その発問が生徒の内言になり，生徒の問いとして生み出されたのだと思います。この後，生徒同士で「地図帳のp.112の資料に注目するといいんじゃないかな」など，気づきをもとに思考が深まっていきました。その結果，海に面しており貿易がしやすいという理由だけではなく，高速道路があることで大阪や東京などの大都市につながっていることを見出しました。その中で，「高速道路は北陸地方にはないのかな？」という生徒の疑問が新たに出てきました。個人思考したところ，高速道路があるということが分かりましたが，大都市からの距離があるということも同時に判明し，東海地方だからこそ発達したんだという課題解決につながりました。生徒は個人で思考したことが本当に正しいのか，自信がない状態だったものが，真偽を確かめる上で，全体で確認したいという意欲をもっているように感じました。

❷非認知能力（勘所10）●────────────────────────────●

　課題追究場面で育成が期待される力として「粘り強く考える力」や「他者と協働する力」があります。

　例えば，第２時であれば，自動車産業が発達した背景に沿海部に位置するなどの予想をもとに，根拠を明確にした生徒がいます。しかし，他の生徒から「他にもあるのではないか？」という声が上がり，自分が発見していない視点があることが明確になります。このように自分が分からない視点を他の生徒が見つけている状況が生み出されることで，課題に対して粘り強く考える力が発揮されます。また，課題解決が達成できたと思っていた生徒にとっては，他の視点もあることに気づき，さらに別の角度から課題解決しようと努力をします。指導に当たって意識したこととして，机間指導をする際に生徒の記述を見取り，ペアでコミュニケーションを行う際には，その発言に耳を傾け，生徒の気づきを拾い上げられるようにしています。その過程で良い気づきをしている生徒には「良いところに気づいているね」「この話をあとで教えてもらっていいかな」という働きかけをすることで，生徒が自信をもって発言できるようにします。

　ただ，別の角度から課題解決しようと努力をしても，なかなかその視点が明確にならない場面があります。そのような生徒がいる場合，分かる生徒が分からない生徒にヒントを出したり，気づく視点を共有したりします。そうすることで，自分一人では解決することができないことも，他者と協働して解決することができるのだという理解に至ります。指導に当たっては，他者が理解するために自らの力を発揮しようとした生徒を価値付けるとともに，他者の気づきによって自らの考えが明確化したことも価値付けていくことで，「他者と協働する」価値について自覚できるようにしています。

4 ｜ 「この子」の育ちと評価のポイント

　第２時の中で生徒Ａは沿岸部に位置することが盛んな理由につながること

を見出していました。生徒Ａが自らの気づきを発表した後，生徒Ｂが「他にもあるのではないか？」と発言し，生徒Ａは「他にもあるのかな？」と隣の人に話しかける様子が見られました。その後，分かる生徒が気づく視点を出していく中で，「あぁ！そういうことか！」と発言していました。授業後，生徒Ａは次のように記述していました。

> 今回の学習では，課題に対する理由が複数個あるので１つや２つ，理由を見つけただけで満足せず，■■さんのように，まだ他の理由がないかを考えることが大事だと思いました。

　生徒Ａは，課題追究する中で，自分がもった考え以外にも理由があることに気づく様子が「■■さんのように」の記述から伺えます。このように他者との関わりがもとになり，学びが広がっていました。あわせて「課題に対する理由が複数個あるので１つや２つ，理由を見つけただけで満足せず」とあるように，粘り強く考えようとする姿勢が見られました。

　学習を踏まえて，単元末では「この単元での学びを振り返って，今後の学習に生かしたいこと」について，生徒Ａは次のように記述していました。

> 　特に産業が発達している場所について，もともと私は地形や気候が関係していると思っていましたが，それだけではなく高速道路があることによるものの運びやすさなども関係していると新たに知ることができました。また，産業など，何かの原因は１つではなく，いくつかの要因が合わさることによって，起こることなのだと気づくことができました。また，場所はとても遠くても同じ産業で発達している地域と比べて考えると，新たな共通点が見えてくるので，他の地域と比べるという考え方も大切にして学習に取り組みたいと思います。

　学習を通じて着目する視点が増えたことを踏まえて，今後学習する他の諸地域でも，この単元で学んだことを生かそうとする姿勢が見られました。

〈参考文献〉
・田村学（2018）『深い学び』東洋館出版社
・河村茂雄（2022）『子どもの非認知能力を育成する　教師のためのソーシャル・スキル』誠信書房

（眞島　良太）

5 中学2年　歴史　近代文化の形成
高橋孫左衛門商店から歴史が分かる
―身近な地域で個別最適な学びを―

1 | 教材研究と単元デザイン

❶単元目標

江戸時代と明治時代の文化を比較しながら，上越地方にも独自の文化が生まれたことを理解し，継承されてきた文化を多面的・多角的に考察することで，上越地方の文化の価値を尊重し，主体的に追究しようとする。

本単元は，個別最適な学びを実現できるように生徒が問いや体験をもとに追究できる地域教材を活用しました。また，総合的な学習の時間も使い，知識と体験が有機的に結び付くように構成しました。

その中で，生徒にとって身近な地域である新潟県上越地方の近世から現代まで続く文化として，高橋孫左衛門商店を取り上げました。高橋孫左衛門商店は上越市高田にある創業寛永元年（1624年）の老舗飴屋です。当時の店の様子や粟飴は，十辺舎一九の『諸国道中「金の草鞋」』の中で紹介されています。水飴と寒天で作る翁飴は高田城城主の参勤交代の土産に使われ，日持ちの良さと独特の食感が江戸を通じて全国に広まったといわれています。

明治維新後の新しい時代でも，その評判は変わらず，内国勧業博覧会や日英博覧会等で受賞を重ねていきました。このように上越地方で続く老舗飴屋は江戸時代から明治時代という大きな変化を乗り越えています。

本単元では，老舗飴屋の飴菓子を取り上げることで，近世において都市を中心とした経済が形成されていく中で上越地方の文化が生まれたこと，近代において欧米との関わりによって上越地方の文化が発展していったことを捉

えることができます。この学習で得た共通認識を土台として，上越地方の文化について追究していくことで先人たちが継承してきたことの歴史的・文化的な価値に迫らせたいと考えました。

❷単元計画（全12時間）

次	◇主な学習活動	○具体的な手立て	評価
1時間目	◇「文化とは何か」を考え，ワークシートに記述する。	○「文化とは何か」，「具体的にどのようなものを文化というか」という問いを設定する。	主・振り返りシート
2時間目	◇十辺舎一九の「金の草鞋」の絵が，いつの時代，どこの様子かを確認する。		
3時間目 4時間目	◇老舗飴屋に行き，始まった理由，存続の危機をどのように乗り越えたのかについて調査する。	○ロイロノートを活用するように促す。	知・ワークシート
5時間目 6時間目 7時間目	◇高田の町に暮らす人々にとって江戸時代と明治時代のどちらが暮らしやすいのかについて立論を作成する。	○プレゼンテーションアプリで発表資料を作成する活動を位置付ける。	
8時間目	◇高田城址公園内の史跡や歴史博物館へ調査に行く。	○史跡や歴史博物館へ調査する活動を位置付ける。	
9時間目 10時間目 11時間目	◇高田の町に暮らす人々にとって江戸時代と明治時代のどちらが暮らしやすいのかについて討論を行う。	○立場に分かれた討論を位置付ける。	思・ワークシート
	◇上越地方の文化が今日まで続いた理由，継承することの価値を考察する。	○老舗飴屋の店主の考え方を動画で視聴する場を設定する。	
12時間目	◇「文化とは何か」について，単元導入時と比較し，まとめる。	○単元導入時の振り返りシートの記述を確認する場を設定する。	主・振り返りシート

　第1時では，生徒が自己の学びに見通しをもつことができるように「文化とは何か」を考え，ワークシートに記述する活動を位置付けました。

　第2時では，老舗飴屋がどのように時代の変化に対応していったのかという問いを提示し，考える場を設定しました。

　第3，4時では，老舗飴屋に行き，始まった理由，存続の危機をどのよう

第3章　社会科「個別最適な学び」授業デザイン　中学校・高等学校編　147

に乗り越えたのかについて調査する活動を位置付けました。江戸時代から明治時代に変わり，参勤交代がなくなり，時代の変化に対応していったことを捉えた生徒からの問いである「高田の町を暮らす人々にとって江戸時代と明治時代のどちらが暮らしやすいのか」を共有しました。

　第5時から第8時では，前時までの活動を基に，パフォーマンス課題である「高田の町に暮らす人々にとって江戸時代と明治時代のどちらが暮らしやすいのか」を調査する場を設定しました。

　第9時から第11時では，上越地方の文化を形成した高田の町の様子を深く追究できるように，「高田の町に暮らす人々にとって江戸時代と明治時代のどちらが暮らしやすいのか」について討論する活動を位置付けました。

　第12時では，単元のまとめとして，「文化とは何か」について，単元導入時と比較し，振り返りを記述する活動を位置付けました。

❸単元をつくるにあたっての教材研究について

　単元目標でも示したように，先人たちが継承してきたことの歴史的・文化的価値に迫る教材として，高橋孫左衛門商店の翁飴を取り扱いました。生徒の多くがよく知らない一方で，約400年以上，時代の変化に対応し，残り続けている誇るべき上越地方の文化だと考えたからです。

　そのような価値に中学校社会科の歴史的分野の学習の中で迫っていくために，高橋孫左衛門商店に何度か話を聞きに行ったり，生徒が調査したりするための日程調整を行いました。その中で授業者自身が地域の人々との対話を行い，歴史的なものを見たり，エピソードを聞いたりしました。

　そのような授業者自身の体験を含めた教材研究を行い，生徒が本単元の学習を通して，地域の文化を見つめ直し，自分自身の生きている背景には上越地方があり，その歴史が自分自身を形成している一つの事象であることを認識することを目指しました。

2 | 「上越地方の文化を再考しよう」個別最適な学び　成功のポイント

　個別最適な学びを目指して，以下の2つの勘所を意識しました。

　1つ目は，「学びの自己調整」（勘所8）です。生徒が自己調整しながら学びを進めるために，問いを引き出すこと（予見段階），どのように調べていけば良いのかを考え，学習計画を立てる場を設定すること（遂行段階），単元前と比較し，問いの変容を自覚すること（自己内省段階）を意識しました。

　実際に，問いを引き出す場面（予見段階）では，高橋孫左衛門商店に訪問し，観察や調査を行いました。この活動を生かし，大きな問い（パフォーマンス課題）へとつなげました（図1，図2）。

　学習計画を立て，行動する場面（遂行段階）では，生徒から出された問いをもとに作成した以下のパフォーマンス課題とルーブリックを共有しました。

　上越地方の文化には，創業寛永元年（1624年）の高橋孫左衛門商店の翁飴があります。（中略　高橋孫左衛門商店の説明）14代目高橋孫左衛門商店の店主が言っている「翁飴から高田の歴史が分かる」ことを実感したのではないでしょうか。

　その学習を終えると皆さんの中から「高田の町に暮らす人々にとって江戸時代と明治時代を暮らす人々にとってどちらの方が暮らしやすかったのか」という疑問が生まれました。それを聞いた14代目高橋孫左衛門さんから江戸時代と明治時代の高田の様子をさらに知ることで上越地方の文化を深く理解することができるため「中学生にも考えてほしい」と言われました。そこで以下の流れで課題に取り組んでください。

【課題に取り組む流れ】

(1) 江戸時代や明治時代の建物，看板，書物などが残っているもの，関係者に聞いてきた話，専門家がまとめた書物，インターネットの情報の順で優先的に活用すること。

(2) 江戸時代，明治時代，審判に分かれて，討論もしくは判定をする。役割は，高田の農民，高田の商人，高田の職人，高田の武士（士族），高田の女性，高橋孫左衛門商店。

(3) その他

　・高田の町の範囲は江戸時代の高田藩の城下町の範囲。

　・江戸時代，明治時代の"いつ"の出来事かを明確にして討論すること。

図1　パフォーマンス課題

評価の観点	A	B
知識・技能	江戸時代と明治時代の文化を比較しながら，上越地方にも各時代で独自の文化が生まれたことを理解している。	上越地方にも江戸時代や明治時代に独自の文化が生まれたことを理解している。
	上越地方で継承されてきた文化を，江	上越地方で継承されてきた文化

第3章　社会科「個別最適な学び」授業デザイン　中学校・高等学校編　149

思考・判断・表現	戸時代と明治時代の上越の様子を比較しながら多面的（経済，政治，自然環境，交通，変化，継続，など）・多角的（都市に暮らす人，地方に暮らす人，政治家，消費者，生産者，商人，職人，現代，過去，など）に考察している。	を，江戸時代と明治時代の上越の様子を比較しながら多面的もしくは多角的に考察している。
主体的に学習に取り組む態度	上越地方の文化の価値を尊重し，その未来の在り方に対して提言ができ，自分自身にできることが何かを考え，行動しようとしている。	上越地方の文化の価値を尊重し，その未来の在り方に対して提言しようとしている。

図2　生徒と共有したルーブリック

　上記のパフォーマンス課題をもとに，生徒が江戸時代側と明治時代側，審判に分かれ，討論の準備を行うことにしました。

　問いの変容を自覚する場面（自己内省段階）では，「文化とは何か」という単元導入時とまとめでの記述を比較しました。単元前と比較することで，上越地方の文化の独自性を捉え，自分自身はこれからどのように上越地方の文化と関わっていくかを内省することができると考えました。

　2つ目は，「非認知能力」（勘所10）です。本単元において，非認知能力として視野に入れているのは，目標を達成する力や他者と協働する力です。このような非認知能力を学校の学びの中で伸ばしていくために，体験活動と討論（対話）を重視しました。

　体験活動として，フィールドワークと地域の人々と実際に関わる場を大切にしました。特に400年続く老舗商店を続ける14代目高橋孫左衛門氏の話はまさに「本物」であり，出会うことで歴史を感じ，目標達成への学習意欲を喚起するものであると考えました。

　これらの体験をもとに，「江戸時代と明治時代のどちらが暮らしやすいのか」についての各立場に分かれて，討論する活動を位置付けました。討論のための準備の段階で仲間と役割分担したり，話し合ったりする活動を大切にしました。討論では，同じ立場の仲間だけでなく，別の立場や視点の仲間との意見の擦り合わせの場面が生じ，共に協働する場面となると考えました。

3 「上越地方の文化を再考しよう」授業展開プラン

❶学びの自己調整（勘所8）

　問いを引き出す場面（予見段階）では、高橋孫左衛門商店について描かれている十辺舎一九の『諸国道中「金の草鞋」』の絵を提示しました。生徒は「江戸時代の様子を描いたものではないか」、「どこの様子を描いたものだろう」といった疑問をもちました。江戸時代の高橋孫左衛門商店の様子であることを伝え、Google Earth で高橋孫左衛門商店が上越市高田に位置していること、看板から創業寛永元年（1624年）の店舗が現存していることを確認しました。

　次に翁飴を食べ、「何を原料としているのか」、「なぜ、砂糖を使っていないのか」といった問いを気候や湿気といった高田の風土と関連付けて考察しました。また、参勤交代の土産として使われたことを資料から読み取りました。そして、明治時代に入り、参勤交代がなくなったときや高田の大火をどのように乗り越えたのかをグループごとに考えました。グループで考えたことは実際に高橋孫左衛門商店へ行き、質問することにしました。

　次の時間の実際の訪問では、高橋孫左衛門商店に出掛け、前時でグループごとに考えた予想や質問について、店主に聞き、店舗を見学しました。高田藩から与えられた御用看板や日英博覧会での賞状を見て、高田の歴史との関連を知り、身近な地域の歴史への興味や関心を高めました（写真1）。

　この調査の内容や感じたことをロイロノートで共有し、江戸時代と明治時代を比較したシートと年表にまとめました。シートや年表には、高

写真1　高橋孫左衛門商店の見学

橋孫左衛門商店に関する事象に対して，いつ始まったのか（時期），どのように変わってきたのか（変化），変わらなかったところはどこか（継続）といった歴史的な見方・考え方を働かせて考察しました。

そして，生徒の問いから設定されたパフォーマンス課題が提示されました。学習計画を立て，行動する場面（遂行段階）では，討論で活用するための情報を集めるために，各グループで場所や方法を考え，選択・決定しました。高田城址公園内にある史跡の調査に出かけたグループの一つは，江戸時代の高田城址跡や明治時代の高田に入ってきた師団庁舎を喜んだ人々によって植えられた桜の記念碑を見ました。通学路に江戸時代や明治時代の史跡があることに驚き，学習したことと結びつけながら調査しました。他のグループでは，歴史博物館に出かけ，江戸時代と明治時代の高田の歴史を調査しました。「この内容は討論で活用できる」，「雪と高田の歴史には関連がある」といった視点をもち，調べたことを討論のスライドに活用しました。

問いの変容を自覚する場面（自己内省段階）は，4「この子」の育ちと評価のポイントで記述します。

❷非認知能力（勘所10）

非認知能力として育成を目指した目標を達成する力や他者と協働する力は，「江戸時代と明治時代のどちらが暮らしやすいのか」についての討論で発揮されました。相互討論（高田の女性の立場）では，以下のような内容を議論しました。

明治：江戸時代の女性は年齢に問わず，平等に学ぶ場がなかったのではないか。
江戸：庶民の教育をする場であったので身分や男女を問わず広く教育していた。
江戸：富国強兵の世の中では男性に権力が集中したのではないか。
明治：明治時代にはバテンレースのように長く続く職業もあった。女性に職業の幅ができた。
江戸：江戸時代も髪結や寺子屋の女師匠，着物の仕立てをする仕事があった。
明治：明治時代には高田女学校でキリスト教の宣教師のドイツ人からドイツ語を教わったり，オーストリア人のレルヒからスキーを習ったりする女性もおり，教育の幅が広がった。
江戸：江戸時代に寺子屋があったからこそ，明治時代では外国の文化と結び付いて発展した。
明治：明治に入って文明開化が起こったことで活躍した女性が多くなった。平等に教育ができるようになったことで日本初の女性医師や理事長が生まれた。

このように高田の女性の立場では，社会進出，教育，産業（職業），海外から入ってきた文化の視点から江戸時代や明治時代をどのように考えるかについて議論を交わしました。それぞれの立場で様々な資料を準備し，他者の納得を得るという目標に向かって活動を進めていました。また，以下のように別の視点の仲間の意見を取り入れる生徒も多くいました。

> 私は江戸時代の商人の立場で討論に参加した。交流後，明治時代の職人の立場が最も暮らしやすいと考えた。その理由は，（中略）作業効率の向上や高田の発展に大きく関わり，職人としてもバリエーションが増え様々な選択肢が増えたから。それに，少し後に，鉄道ができたことで物資が流通したから。

　そして，体験活動と非認知能力の育成の関わりは以下のように見られました。討論が終わり，まとめとして，14代目高橋孫左衛門の店主が「なぜ，高橋孫左衛門商店は江戸と明治の時代の変化を乗り越え，続いているのか」に答えた動画を見ました。店主は，「時代に応じて苦しいときはあったが，時代の変化に対応し，挑戦したから」と

写真2　高橋孫左衛門商店の店主の話

いう内容の話をしてくれました（写真2）。その後，ある生徒は振り返りで以下のような記述をしました。

> 今回の学習で様々な場所に体験や見学へ行った。江戸時代，明治時代から受け継がれている物は先代が頑張って残したものだ。今の人がしっかりと受け継いでいこうとしているからこそ体験や見学ができるのだ。この長い歴史を途絶えさせないでいることが本当にすごいなと思った。（中略）私たちも高田の歴史を途絶えさせずに後世に繋げていきたい。

　上記の2つの振り返りの記述でも分かるように歴史的な学習と体験活動を関連付けることで，パフォーマンス課題に取り組み，その達成を目指し，目標を達成する力が養われました。加えて，討論という仲間との意見の擦り合わせの場を経験し，他者と協働する力という非認知的な能力が育まれたことを読み取ることができます。

4 「この子」の育ちと評価のポイント

　上越地方の文化への自分なりの認識を深めていったＡさんの学びを追っていきます。学習活動前のＡさんは，「文化とは何か」という問いに対して，「建築や美術，学問や行事など」と答えました。「上越地方の文化はあまり関わってこなかったので分からない」と難しさを感じている様子でした。
　第２・３時に，Ａさんは，高橋孫左衛門商店に出かけ，聞き取りや見学を行い，以下のように振り返り，記述しています。

> 今回，高橋孫左衛門商店へ行ってお話を聞いてみると，高田の街並みの歴史がとても古いものと知った。色々な人や出来事が複雑に絡み合って今があることにとても感動した。今，私たちが味わうことができ，見ることができる前提には苦労があって，たくさんの人に助けられていて，ただの昔話ではない。私も地域の方とのつながりを大切にしていきたい。

　高橋孫左衛門商店への調査をきっかけとして，身近な地域の歴史への興味や関心を高め，歴史や町並みが残っていたり，現在に続いていたりすることに共感しています。
　討論の準備として，書籍で調べている中でＡさんは「高田がどのような町だったのかを詳しく知りたい」がどうすれば良いかを悩みました。そこで，歴史博物館に行くことを選び，討論にとって必要な情報を取捨選択しました。Ａさんは，高田の女性の立場で「明治時代が江戸時代より暮らしやすかった」という立論から明治時代に高田の女性が従事していた職業に着目しました。討論では，仲間から「江戸時代の高田にも女性に関する仕事はあったので，女性が暮らしにくいわけではない」と言われ，返答に詰まりました。しかし，このような仲間の意見から自己の意見を捉え直していることを振り返りで記述しています。

> 今回，高田の歴史や文化を考えてみると，高田だからこそ発展した技術などがある。江戸時代のことを調べていく中で，今までは考えられなかった高田の良いところを見つけることができた。高田だけでなく，江戸時代の暮らしや文化など時代背景も考えることができた。様々な身分になって考えてみると一つのことでも違うように捉えられることが分かった。視点が違うからこそ，様々な高田の文化が作り上げられてきたのだ。江戸時代にも明治時代にも，メリットとデメリットがあって，どちらの視点も大切にしていかなくてはいけない。高田の文化を消してしまわないよう，自分にどんなことができるのかを考えていきたい。

上記のように体験活動と討論を行ったからこそ，上越地方の文化が続いていくために自分自身に「どんなことができるのか」という実感をもった新たな問いを立てています。

　そして，単元末の「文化とは何か」について，以下のように記述しました。

　文化とはその土地に存在する物，考え方などの昔から存在すること，伝統的なことを文化だと私は考える。今回，「江戸時代と明治時代，どちらの方が暮らしやすいか」の授業を通して，特に文化を感じたのは，高田の街並みやバテンレース，高橋孫左衛門商店である。高橋孫左衛門商店の飴も発酵文化で，高田の街並み（雁木通りなど）とバテンレースも地域の特色（豪雪）によって作られた物と感じた。高橋孫左衛門商店に至っては代々（江戸時代から）続けられてきたことなので，文化の塊だと思った。

　Aさんは，体験活動を通して，実際に文化を見たり，触ったりすることで上越地方に「文化の存在」を感じています。その中で上越地方の文化とは，雪という風土と関わったものであるという地理的な独自性を捉えています。そして，パフォーマンス課題という目標に向かって，上越地方の文化とは何なのかということを仲間と協働しながら追究することで高橋孫左衛門商店を「文化の塊」という自分なりの言葉で説明し，個性的な考えに変容しました。このようなAさんを含めた個性的な考えを共有することで生徒同士の考えが深まっていく姿を見ることができました。

　本単元を通して，個別最適な学びを実現することは簡単なことではないと感じました。しかし，教員として，個を大切にし，生徒全体を見て，目の前の生徒一人ひとりを成長させていくことができるように研鑽していかなければいけないと強く感じるようになりました。

〈参考文献〉
・上越市史編纂委員会（2004）『上越市史　通史編　近世二』上越市
・上越市史編纂委員会（2004）『上越市史　通史編　近代』上越市
・高田開府400年記念誌編集委員会（2014）『高田開府400年』

（仙田　健一）

6 中学3年 歴史 大正デモクラシー

やる気と安心感こそ学び続ける原動力
―多様な学び方と形成的評価を生かして―

1 教材研究と単元デザイン

❶単元目標

> 第一次世界大戦前後の国際情勢及び我が国の動きを関連付けながら理解するとともに，大正時代に大衆文化が発展していった理由について，多面的・多角的な視点から考察・追究し，生徒一人ひとりが選択した学習のまとめ方によって論理的に表現できるようにする。

『中学校学習指導要領（平成29年告示）解説』では，本単元は「『世界の動きと我が国との関連』などに着目して課題（問い）を設定し，戦争による世界と我が国の社会の変化や影響を考察できるように」するとともに，「これらの考察の結果を表現する活動などを工夫」するとあります。

大正時代は，義務教育が普及し，識字率も向上したことで，民衆が主役となって文化や社会を形成した時代と言えます。第一次世界大戦の影響によって高まった労働者の社会的地位や，教育の普及によって政治への理解が深まった民衆の力，差別に負けまいと立ち上がった人々の熱意が，我が国の政治に大きな影響を与え，経済成長や文化の発展に寄与していったのです。

このように，多面的・多角的な視点からこの時代を大観し，一人ひとりの「その子らしい」学びを表現できる単元を構想していきたいと考えました。

❷単元計画（全9時間）

次	ねらい	評価の観点			学習活動
		知	思	主	
1	問いづくり ・資料の読み取りから単元を貫く学習課題を創り，主体的に学習に取り組む姿勢を育む。			●	明治と大正の文化の比較から，単元を貫く問いを創る。
2	政治の変化 ・第一次世界大戦によって政治に民衆の声が反映されるようになったことを，様々な資料を読み取り，理解する。	●			護憲運動の様子や米騒動の原因と結果，普通選挙法の影響などを資料から読み取る。
3	経済の変化 ・第一次世界大戦によって欧米諸国で軍事物資の需要が高まり，日本が輸出国としての地位を向上していくことで，急速に経済成長したことを，様々な資料を読み取り，理解する。	●			軍需物資の需要が高まり，日本に大戦景気が訪れたことを「日本の景気動向」や「工業生産額の増加」のグラフから読み取る。
4	社会運動の影響 ・第一次世界大戦によって労働者の地位が向上した影響で，社会運動が活発化し，民衆の力が社会を変えるようになったことを，様々な資料を読み取り，理解する。	●			社会運動が活発化したことを「労働争議や小作争議の発生件数や参加人数の推移」や「賃金と物価の変動」のグラフから読み取る。
5	差別と大正時代 ・被差別部落の人々が大正時代にどのような生活を送り，差別と立ち向かっていったのか，様々な資料を活用して考察する。		●		被差別部落の人々の生活状態や水平社宣言から，当時の人々の苦悩や覚悟を考察する。
6〜9	振り返り ・各時の学習内容を踏まえて，単元を貫く問いに対する自分の考えを，自らが選択したまとめ方に則って表現する。 ・本単元の学習を振り返り，次時の学習や実生活で生かせることを考える。	○	○	○	生徒一人ひとりが自分の学び方に適した学習のまとめ方を選択し，単元を貫く問いに対する自分の考えをまとめ，学習内容を振り返る。

●：指導に生かす評価（形成的評価）　○：評定に生かす評価（総括的評価）

第3章　社会科「個別最適な学び」授業デザイン　中学校・高等学校編　157

❸単元をつくるにあたっての教材研究について ●━━━━━━━━●

　私が勤務する自治体は「人権の町」と呼ばれ，人権教育について職員研修に取り組むとともに，校内研究を深めてきた歴史があります。特に「部落差別」や「同和問題」の学習を小学校教育では重視しており，江戸時代のえた・ひにん，渋染め一揆，明治時代の解放令，大正時代の水平社宣言などの学習に多くの時間をかけています。

　また，自治体に設置されている園や学校がすべて公立であるという点を生かし，幼小中の一貫教育にも力を入れています。系統的な教育に力を入れている本町の学校職員として，小学校で培ってきた差別を許さない人権意識を，中学校でさらに豊かにしていきたいと考え，教材研究に臨みました。

　本稿で提案する「大正デモクラシー」の時代は，第一次世界大戦の余波が我が国の政治や経済，民衆の生活にまで影響していきます。例えば，水平社による差別解放運動は，この時代の大きな特色の一つです。ロシア革命の影響から起きた米騒動には，被差別部落の人々も参加していました。その結果，ありもしない罪を着せられてしまう人もいたようです。このような差別に負けまいと立ち上がった人々がいたため，原敬首相が部落改善費を内閣予算に初めて計上するなどの変化が訪れます。この頃，本自治体の小学校で学校長を務めた植木俊助氏が，被差別部落の子どもたちのために補習教育を行っていたことも記録に残っています。このような誇るべき地域教材もあり，民衆が主役となって，政治や経済への影響を広げていったこの時代は，「大衆の時代」と呼ばれるようになりました。

　このように，本単元は「政治」，「経済」，「社会運動」，そして「差別との戦い」など，多面的・多角的な視点から時代を大観しつつ，相互に関連付けながら，当時の人々の思いや願いを自分事として捉えることができます。

　教材研究を進めるうち，生徒一人ひとりがどのような視点に焦点を合わせ，学びをまとめていくのか，とても楽しみになりました。学習者との学びを想像し，教材を面白がることができれば，「先生がワクワクしているから，今回の単元も楽しみだ」と，生徒のやる気に火をつけることができるでしょう。

2 「大正デモクラシー」個別最適な学び　成功のポイント

　個別最適な学びを授業に取り入れる導入段階において，「この学び方なら理解できそう」という学習へのやる気を高めるとともに，「これなら成長できる」という学びへの安心感を生徒に抱かせることが，成功のポイントです。

　そのために，私は「学びの自己調整（勘所8）」と「学習評価（勘所9）」に注目しました。

　新井邦二郎（1998）の研究によれば，自己決定が「将来の夢を実現したい」などの自己実現的な学習意欲に効果的であることが明らかになっています。

　また，ジェア・ブロフィ（2011）は，学習内容のより深い理解のために，目標設定と目標到達度に合わせた適切な評価が必要だと報告しています。

　これらの知見から，やる気を高め，安心感を醸成し，「学び続ける原動力」を育てる単元の学習を，次の図のようにデザインしました。

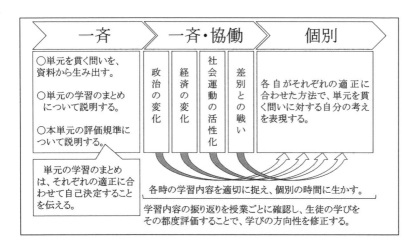

第3章　社会科「個別最適な学び」授業デザイン　中学校・高等学校編

3 │ 「大正デモクラシー」授業展開プラン

❶生徒一人ひとりの学びやすさに寄り添った学び方の提示と自己決定

　本単元の学習のまとめでは，次ページの図で示す通り，様々な方法を駆使して学習をまとめる生徒の姿が見られました。

　ここで例に挙げた生徒以外では，Google Documents を活用して文章をまとめたり，Google Site を活用してインターネットサイトを作成したり，TikTok や Youtube に投稿するような動画を編集したりする生徒もいました。

　このように，多様な学び方を生徒が選択するためには，ここまでの学習で実際に様々な方法で学習内容をまとめる経験をさせておくことが重要です。事前に取り組んだ経験があるからこそ，「プレゼンテーションでまとめるのが分かりやすかったな」，「インターネットサイトにまとめるのが楽しかったから，それにしよう」などと自己決定することができます。

　そして，生徒は自分の得意な方法を選択することができるため，「この学び方なら理解できそう」と学習へのやる気の火をより燃え上がらせます。

　それからの生徒たちは各時の授業が終わるごとに，自分が選択した方法に合わせて，学習内容をまとめていきます。特に，「個別」の時間は，生徒がそれぞれの進度で学習に取り組みます。教師に質問したり，友人同士で学び合ったり，改めて教科書を熟読したりする過程で，間違いに気づいたり，より質の高い表現方法を教わったりしながら，学びの自己調整を図ります。

　本単元では，4時間分の授業時数をこの学習のまとめに使っています。それまでの授業を通して，全ての生徒が正しく学習内容を理解できていれば必要ないかもしれませんが，そのような状況ばかりではありません。

　この「個別」の時間があるからこそ，生徒は各時の授業内容を改めて振り返り，単元を貫く問いに対して，自分の考えを深めていくことができるのだと考えます。

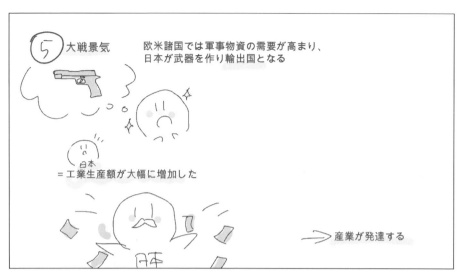

Google Jamboard を活用して学びをまとめた生徒の例

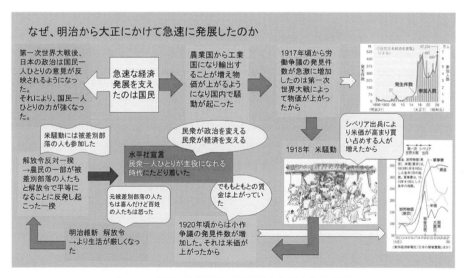

Google Slide を活用して学びをまとめた生徒の例

第3章 社会科「個別最適な学び」授業デザイン 中学校・高等学校編 161

❷学びの方向性を示し，生徒に安心感を与える学習評価 ●━━━━━━━○

　生徒が見通しをもって学習に取り組むことができるよう，単元の評価規準を導入時に説明します。次の表は，生徒と共有した評価規準です。生徒は目指すべき目標があるからこそ，学習に前向きに取り組むことができます。

	満足(B)	十分に満足(A)
知識・技能	第一次世界大戦前後の世界情勢や我が国の政治，経済，社会運動などへの影響について，それぞれの学習内容を正しく理解している。	満足の内容を満たしたうえで，各学習内容を関連付けながら理解することができるとともに，他の単元の学習とのつながりなどにも気づいている。
思考・判断・表現	第一次世界大戦前後の世界情勢や我が国の政治，経済，社会運動などへの影響を踏まえたうえで，単元の問いの答えを自らが選択したまとめ方で表現している。	満足の内容を満たしたうえで，政治家や民衆，差別された人々など様々な立場にとって，大正時代がどのような時代だったのかなどの視点にもふれている。
主体的に学習に取り組む態度	単元の問いに答えるために，各学習内容を振り返り，単元の問いとのつながりを見つけようとするとともに，学習内容をねばり強く理解しようとしている。	満足の内容を満たしたうえで，自分にとってより良い学び方とは何なのか考え，学習をより良いものにしようとしている。

　また，自立した学習者を目指して，「学び続ける原動力」を育てるためには，指導に生かす評価である形成的評価も活用すべきだと考えます。教師の指導を頼りにする，と聞くと，自立とは対極に思えます。しかし，個別最適な学びの導入段階において，教師は生徒の学びを方向づけることが重要です。

　評価規準によって目標が明確だとしても，自らの学びが間違ってはいないかと，不安に思う生徒もいます。また，ぐんぐんと学びを進めている生徒の中に，誤った学習内容を理解してしまっている生徒がいる可能性もあります。

　そのため，私は学習内容のまとまりごとで振り返りに取り組ませています。本単元では，次の図で示すように Google Slide に学習内容を振り返らせ，各時の授業ごとに確認し，一人ひとりの学習状況を把握するよう努めました。

　誤った内容を学習している場合は，「大戦景気について，もう一度教科書を確認してみましょう」，「米騒動について，詳しく調べてみましょう」とい

ったコメントを送ります。さらなる飛躍を望む生徒には，次の図の通り，「学習内容を丁寧に理解できています」と，ここまでの学習への取り組みの姿勢を認めたうえで，「なぜ，米不足が起きるのか説明できるようにしましょう」と，学習内容の関連付けを促し，学びの自己調整を加速させます。

多くの生徒が教師からのコメントを読み，教科書を改めて読んだり，Chromebookでの調べ学習を進めたりすることで，学びの自己調整を図ります。特に，「個別」の学習の時間には，教師は生徒一人ひとりに声をかけ，進捗状況を確認するとともに，生徒からの質問に答えます。このときの言葉がけも指導に生かす評価，形成的評価と言えるでしょう。

教師から「あなたの学びは間違っていないよ」と認められれば，生徒は安心してその後の学習に取り組むことができます。生徒の成長を願う教師の言葉はまさに，生徒の自立的な学習を支える燃料です。私たちからのあたたかな励ましの言葉と学習内容を理解できているという実感は，「学びが深まって，どんどん成長している」という個別最適な学びに対する安心感へとつながります。この安心感が，学び方を自己選択することで燃え上がったやる気の火を，「学び続ける原動力」へと昇華させていくのだと考えます。

4 「この子」の育ちと評価のポイント

　Kさんは学級に笑顔を届けるムードメーカーです。学校行事では率先して声を出し，学級を盛り上げます。しかし，Kさんは学習に課題を抱えており，特に自分の考えを文章で記述することに苦手意識をもっていました。学習内容の振り返りに取り組ませると手が止まってしまい，なかなか提出することができません。

　そんなKさんに，今回の単元では学習のまとめを得意な方法で提出していいんだよ，と伝えたときに発した第一声はこうです。

　「え？じゃあ，学習のまとめを動画で提出してもいいんですか？」

　私がいいよ，と答えると，Kさんの目が輝きだしたことを覚えています。

　それからKさんの学習の様子は変わりました。毎時の学習の終わりに，必ずChromebookの動画機能で，板書を撮りながらブツブツとひとり言を話していたのです。私が何をしているのかと尋ねると，Kさんはこう言いました。

　「今日の授業内容を忘れないように，黒板を映しながら自分で授業内容をしゃべって，音を録っています！」

　これまでは，学習の振り返りにもなかなか取り組むことができなかったKさんですが，得意としている動画編集を学習に生かすことができるため，学習へのやる気の火を燃え上がらせることができました。

　いよいよ「個別」に学習をまとめる時間になると，Kさんは私にこう告げました。

　「先生，今から動画を撮りたいので，隣の空き教室で課題に取り組んでもいいですか？」

　私はもちろんいいよ，と答えました。教室で課題に取り組む生徒に助言等をしつつ，機を見ては隣室のKさんの様子を確認に行きました。Kさんは教科書を片手に，今まで見たこともない真剣な表情で，学習内容を音声にしな

がらまとめていました。

「———第一次世界大戦によって，ヨーロッパの国々は武器を日本に求めるようになり，日本は輸出で儲け，経済が発展していきました…」

Kさんは動画撮影の様子を見守っていた私の姿にようやく気づくと，ニコニコしながら近づいてきて，こう言ったのです。

「先生！今までに撮った内容を見てほしいんですけど！もし，間違ったことを言っていたら教えてください！」

その姿はまさに，「学び続ける原動力」が芽吹き始めた，自立した学習者を思わせました。Kさんの成長に，思わず涙がこぼれそうでした。

課題提出後，私はすぐにKさんが作成した動画を視聴しました。すばらしい出来栄えで，感動したことを覚えています。その動画は，冒頭にコメディ的な要素を含みながら，ニュースキャスターに扮したKさんが，真剣な表情のままに学習内容を説明していたのです。

私たちは一人ひとり得意なことも苦手なことも異なります。私たち教師が「評価しやすい」「見取りやすい」からと言って，一律に学び方を決めてしまうことは，その方法を苦手としている生徒にとって，「学びやすさ」を奪うことになってしまうのかもしれません。

多様な学び方を認め，生徒の学びを見取り適切に評価することは，生徒の学ぼうとするやる気を喚起し，成長できるという安心感を与えます。個別最適な学びの実現を目指すことは，「学び続ける原動力」を育てる，教師の愛あふれる指導なのだと信じています。

〈参考資料〉
・解放教育史研究会編著『被差別部落と教員』1986年，明石書店
・新井邦二郎「自己決定の発達と学習意欲の発達との関係」1998年，筑波大学心理学研究20号
・ジェア・ブロフィ・中谷素之（監訳）『やる気を引き出す教師――学習動機づけの心理学』2011年，金子書房

（鈴木　文哉）

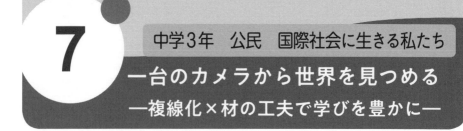

1 教材研究と単元デザイン

❶単元目標

> 国際連合をはじめとする国際機関などの役割を理解し，国際社会において自分にできることを多面的・多角的に考察することで，世界平和と人類の福祉の増大について，現代社会に見られる課題の解決を視野に主体的に追究しようとする。

　長年，日本では「水と安全はタダ」と信じられてきました。しかし，世界を見渡せばロシアによるウクライナ侵攻など，この十数年で世情や人々の意識は大きく変化しました。日々変化し続ける社会だからこそ，日本がこれまで行ってきた援助の継続に加え，地球社会の利益のために積極的に活動できる人材を育むことを目指していく必要があると考えます。そのためには，地球規模で物事を捉えたり，地道な取り組みの意義について考えたりする機会が大切であると考えました。

　本単元は，中学校３年間の最後の単元であり，学びの集大成の単元であるとも言えます。子どもたちは，これまでに地理的分野・歴史的分野の学習も通して環境問題や紛争などの国際社会の課題について学習してきました。こうした学びの積み重ねを通して，改めて国際社会が抱える課題に対して「どうしたらよいか」を自分なりに考えられるような姿をねらい，このような単元の目標を設定しています。

❷単元計画（全8時間）

時	○学習活動　・手立て
1	**なぜ世界の終末時計は過去最短になったのか？** ○世界の終末時計の残り時間をもとに、本時の問いを生む。 ○世界の終末時計の残り時間が少なくなっている原因を踏まえ、単元の問いに対する自分の考えを記述する。 ○生徒の単元の問いに対する記述を次時以降の学習に生かしていく。 **単元の問い　国際社会の平和を実現するにはどうしたらよいか？**
2	**平和を実現するためにどのような取組が行われているのか？** ○前時に記述した単元の問いに対する記述をもとに、国際社会における平和を実現に向けた取組について、調べたことをロイロノートにまとめることができるようにする。（以下①～③は視点の例） 　①　領土問題の解決に向けて 　②　国際連合の働き、国際協力の動き 　③　国際貢献の取組 ○それぞれ調べたことをグループごとに交流し、①～③の共通点をキーワードで表す。
3	**武力は平和につながるのか？** ○第2時に生徒が調べたことをもとに、本時の問いへとつなげる。 ○武力や防衛の視点から、平和とのつながりを説明する。
4	**なぜ日本は69年もの間支援を続けているのか？** ○第2時に生徒が調べたことをもとに、本時の問いへとつなげる。 ○支援を続ける理由について、外務省の方の話をもとに、経済や協力の視点を踏まえながら説明する。 ○日本や世界の各国が武力による抑止や国際協力をしているにも関わらず世界では争いが続いている事実をもとに、次時以降の学習へつなげる。
5	**なぜ戦場で写真を撮るのか？** ○ベトナム戦争での一枚の写真をもとに、戦場で写真を撮ることの意義を説明する。 ○■■さんが他の戦場カメラマンと異なり、笑顔の写真を撮る理由について個人史をもとに話し合う。
6	○■■さんをゲストティーチャーとして招き、前時に予想したことを確かめる。 ○■■さんの平和や戦争に対する思いに対する自分の考えを記述する。
7	**笑顔の写真を撮ることは平和につながるのか？** ○第2・3・4時に学んだ国際連合や国際貢献の取組を踏まえながら、笑顔の写真を撮ることの平和につながるのか話し合う。
8	○前時までの学びをもとに、「世界の平和を守るために、どうしたらよいのか？」について自分の考えを記述する。 ○「国としてできること」「個人としてできること」などの立場をもとに話し合うことを通して、世界の平和を守るための視点を引き出したい。

　本単元では，「科学的事実認識」と「価値判断の批判的吟味」ができる授業を目指しました。科学的事実認識ができる授業とは，「社会はどのようになっているか，それはなぜか」について子どもが説明できる授業です。また，価値判断の批判的吟味ができる授業とは，「どうすれば問題を解決すること

第3章　社会科「個別最適な学び」授業デザイン　中学校・高等学校編　**167**

ができ，どうすればより良い社会をつくることができるのか」について子どもに示唆を与えることができる授業です。

　具体的には本単元において，授業の第1時から第4時では国家を超えて国際社会としてどのように平和の実現に向けて取り組み，そうした取り組みをなぜ行っているのかについて自分の考えを説明する授業をデザインしました。また，第5時から第7時には，国際社会としての取り組みと対比しながらフォトジャーナリスト・Nさんの世界平和に向けた取り組みについて考えることで，子どもたちが自分事として平和について考えられるようにしました。

　こうした学習過程を通して，多様な価値観と出合い，自分とは異なる価値観に基づいた問題の解決策について，「どうすれば良いのか」を吟味する姿を目指しました。

❸単元をつくるにあたっての教材研究について

　本単元では生徒が主体的に社会的事象のつながりを見出せるような授業を計画しました。具体的には，問いで始まり新たな問いで終わる授業を構想しました。授業の導入から展開場面においてはその時間に学習する本時の問いを，さらに本時のまとめを終えた後に資料をもとに新たな問いを生むことで次時へとつなげていくことを目指しています。

　具体的には，単元の5時間目では，導入場面で戦場カメラマンのエディ・アダムズがベトナム戦争の際に撮影した写真を資料として提示します。前時までの学習において，国際連合などの国家や国際社会での取り組みと写真を撮影するという個人の取り組みを対比することを通して，本時の問いへつなげていきます。展開場面では，教科書の資料として載せられている写真や子どもたちの経験をもとにして，問いの解決へ向けて話し合い，展開場面の後半では，エディ・アダムズと同じく戦場カメラマンであるNさんの写真を提示しました。導入場面で提示したベトナム戦争とNさんの写真の違いは笑顔です。ベトナム戦争の写真では，子どもたちは戦場の悲惨さを見ている人に訴えかけることが戦場での写真の意義として考える一方で，Nさんの写真は，

一見悲惨さが感じられない笑顔の写真です。一見対照的な写真を対比していくことにより，子どもたちから「えっ？」「どうして？」を引き出し，次時の問いである「なぜ戦場で『笑顔』の写真を撮るのか？」という問いへつなげました。

2 「一台のカメラから世界を見つめる」個別最適な学び　成功のポイント

❶自分の関心に応じて学習を進める選択式学習（学習の複線化）

　単元の2～3時間目には，政府や国際規模などの大きな（国際的・国家的）取り組みを扱います。しかし，国際的な取り組みは数多くあるため網羅的に扱ってしまうと，教師側から知識を与え続ける授業になってしまうと考えます。そこで，2・3時間目には平和の実現に向けたテーマを子ども一人ひとりが選択し，どのような取り組みが行われているか調べる場面を位置付けました。個人が調べたテーマをもとに国際社会における平和の実現に向けた取り組みである国際連合やODAの取り組みについて整理することで，共通点や相違点を見出していきます。

❷人の営みに着目し，個人史をもとに自分事へつなげる（学習材の工夫）

　単元の5～7時間目には，小さな（個人の）取り組みを扱います。具体的には，釧路市で生まれ育ち，フォトジャーナリストとして世界の紛争地を取材してきたNさんを取り上げました。Nさんは，戦地で写真を撮ることを通して平和の実現に寄与してきた方です。フリーのフォトジャーナリストとして，世界の紛争地や辺境の地を取材してきたNさんの営みを通して，単元の前半で学習してきた内容と対比しながら，子どもたちの思考を揺さぶるきっ

かけへとつなげました。

　ただ，単に人を取り上げるだけでは，子どもたちが自分事として考えられないと考えます。そこで本単元では，個人史を扱いました。ゲストティーチャーと対話する前段階として，個人史を手がかりとしながら問いについて予想をすることにより，教材として扱う人物と子どもの距離がグッと近くなると考えます。

年	年齢	あゆみ
1952年	0歳	おじいさんが「日本は戦争に負けて，これからは広く世界の人と海を越えて付き合っていかなければならない」という理由で名前を名付けられる。
1959年	6歳	机の上に地球儀，壁には世界地図を貼って眺めていた。
1965年	13歳	中学生の進路希望のアンケートには「旅行家になりたい」と書いたが，父に「そんな職業はない」とたしなめられる。
1968年	16歳	高校へ入学。
1971年	19歳	大学に入学。キャンパスで「夢とロマンを求めて華麗なる飛翔を」と書かれた探検部の立て看板に惹かれて入部。
1975年	23歳	大学を休学。不眠不休のガードマンのアルバイトをして遠征資金を貯め，アフガン遊牧民の探査行に向かう。 帰国後，通信社記者に写真を褒められ，写真の道を志す。著名な写真家のベトナム戦争（第一次インドシナ戦争も含む）写真集などを見ることで，それらの写真に圧倒され，危険を覚悟で戦争を伝えようとする戦場カメラマンに興味を引かれるようになる。図書館で写真集を見るうちに戦場カメラマンに惹かれる。
1977年	25歳	大学を6年かけて卒業。通信社の写真部へ入社。写真部員として国会，スポーツ，事件などの現場で撮影をする。しかし，「僕が撮りたいのは，こんな写真じゃない」と思い，フリーのカメラマンになろうと風呂無しアパートで貯金を始める。
1980年	27歳	会社に辞表届を出す。ピューリッツアー賞を受賞できるような，世界で認められる写真を撮ることを夢見てフリーのカメラマンになる。 世界の紛争地を精力的に取材する。しかし，自分が撮ってやると意気込んでいた「世界を揺さぶる写真」は撮れない。途方に暮れる。

3 ｜ 「一台のカメラから世界を見つめる」授業展開プラン

❶学習の複線化（勘所5）

　本単元の第1時では，「世界の終末時計」が2023年に90秒になったニュースを切り口に単元の問いである「国際社会の平和を実現するにはどうしたら良いか？」を設定しました。

　第2時には，前時に記述した単元の問いに対する記述をもとに，国際社会における平和を実現に向けた取り組みについて3つのテーマを絞り，自分の関心に応じて調べたことをロイロノートにまとめられるようにしました。設定したテーマは「領土問題の解決に向けて」「国際連合の働き，国際協力の

170

働き」「国際貢献の取り組み」の3点です。こうしたテーマをもとに，過去や現在の国際社会においてどのように平和を実現しようとしてきたのかを調べることを通して，平和に向けた取り組みに対する自分の考えをもてるようにしました。

学習の複線化（勘所5）

第2時【本時の目標】
平和の実現に向けたテーマを選択し，どのような取組が行われているか調べることができる。

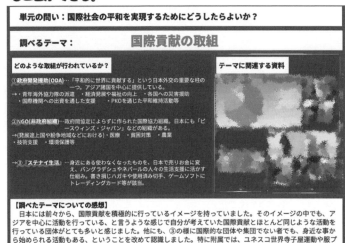

また，テーマごとの子どものまとめを通して，次時以降の学習に生かすことができるようにしました。例えば，取り組みを文章にしてまとめることに加え，テーマに関する資料も添付できるようにすることでそうした子どもが見つけ出した資料を次時以降の学習に生かせるようにしています。また，子どもの感想も授業において大切な資料となります。まとめた感想において以下のようなことを記述していました。

第3章　社会科「個別最適な学び」授業デザイン　中学校・高等学校編　171

> …確かに国際連合は世界の国々が協力して平和を目指しているのかもしれないけれど，国連平和維持軍といった武力をもっているのはもやもやする。でも，武力が必要なのも分かる。…

この記述は，子どもたちの考えを揺さぶるようなものであると考えました。そこで，第3時ではこの記述を資料として授業の中で取り上げ，「武力は平和につながるのか？」という問いへつなげていきました。

❷学習材の工夫（勘所12）

本単元では，「人の営み」に着目することで子どもの学びを深められるようにしました。そのため，第5時からは，フォトジャーナリストのNさんの写真を取り上げました。Nさんを取り上げることで，前時までに学習した国際連合などの取り組みと写真を撮影する取り組みを対比することを通して，問いを生み出すことをねらいました。

単元の前半では，単元の4時間目までに子どもたちは国際的な取り組みについて学んでおり，国際連合やODAの意義について学んでいます。そうした国際的な取り組みに対し，Nさんは写真を通して国際社会の問題に向き合っています。さらに，Nさんは悲惨さや衝撃的な場面の写真を通して戦場の様子を伝えるのではなく，戦場での笑顔の兵士や子どもたちの写真を撮影しています。多くの子どもたちがもつ戦場での悲惨な写真のイメージとNさんが撮影する戦地での笑顔の写真を対比していくことで認識のずれを生み，

「なぜ戦場で『笑顔』の写真を撮るのか？」という次時の問いへとつなげていきました。

第6時では，Nさんをゲストティーチャーとして招き，戦場での笑顔の写真にこだわる理由を話し合う場面を設定しました。Nさんとのやりとりを通じて以下のような振り返りが見られました。

【A生徒】
　私はNさんのお話を聞いて，いろんな人と関わる事が大切なのだと感じました。……Nさんが笑顔を撮る理由を知ってとても苦しくなることもあったけど，明るい気持ちにもなりました。戦争と聞くと銃を持っている兵士だったり，泣いていたり怪我をしている人たちの写真のイメージが多いけれど，戦争の裏にある笑顔や家族のストーリーを知って，笑顔っていいなと感じました。それに，戦争をしている人の中で戦争をしたいと思っている人はほんの一部だけでしたくない人の方が大多数だから，戦地の人の気持ちを最優先することが大切だと思います。

【B生徒】
　日本という比較的安全な国からしか平和について考えることのできない立場の自分が情けないけど，他の国について知ろうというきっかけを増やすことができたと思う。学校で勉強しても分からないことが写真一枚で伝わってきたのが衝撃だったし，それだけ写真には力があるのだと実感した。その一方で，写真を撮ることはとても尊いことかもしれないですが，写真を通して平和を実現することの難しさも感じました。写真を見るだけではなく，こうしてNさんの話を聞いて初めて，写真の意味が分かったからです。現実に向き合うのは難しいことだけど少しずつ自分から解決していきたい。

【A生徒】は，もともと戦争の写真について「銃を持っている兵士だったり，泣いていたり怪我をしている人たちの写真のイメージ」をもっていましたが，Nさんの話を通して，「戦争の裏にある笑顔や家族のストーリー」に気づくことができたと考えました。Nさんとの出会いが平和や戦争についてより広い視野から考えられるようになっていったのではないかと考えます。

【B生徒】は，写真がもつ力を感じた一方で，「写真を撮ることはとても尊

いことかもしれないですが，写真を通して平和を実現することの難しさも感じました」と記述しています。Nさんとの出会いを通して，写真を撮ることが平和に結びつかないのではないかという問いが生まれていると考えます。こうしたB生徒の問いが学級全体で考えをさらに深めるきっかけになると考え，第7時の問いへとつなげていきました。

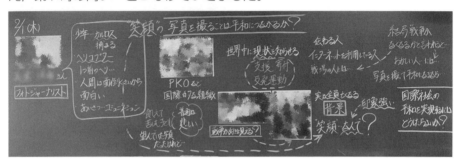

4 「この子」の育ちと評価のポイント

第7時では，単元前半での学習の複線化を通した学びを踏まえながら，改めて学習材と向き合う時間を位置付けました。授業の中では，「Nさんの取り組みも立派だけれど，やっぱり現地の人を救えるのは国際連合などを通して支援や寄付を行うころかもしれない」と話をする生徒がおり，こうした反応は複線化を通して国際的・国家的な取り組みを追究したからこそ，自然とNさんの取り組みと対比しながら思考したのではないかと考えました。その一方で，Nさんの取り組みを踏まえ「写真では笑顔の兵士も実際はもう亡くなっている事実を知ることで，戦争について関心をもってもらえることにつながる」という話をする生徒もおり，戦争や平和に対する考えについて学習材を通して学んだことを自分なりに解釈しながら深めていく姿が見られました。

第8時では単元の問いである「国際社会の平和を実現するにはどうしたらよいか？」に立ち戻り，自分の考えをじっくりと見つめ直す時間としました。

【A生徒】【B生徒】は以下のように記述していました。

【A生徒】

　写真を撮るのと国際支援のどちらに価値があるかという問いに対しては，一概に価値の有無は結論づけられないと思う。写真を撮るという行為は，現地の現状やありのままを世界に伝えて人の情に訴えかける，という形での反戦行為だと思う。対して国際支援は，とにかく争いを抑える為に武力で力任せに平和を実現しようというものなので，どちらの行為も価値があると思うし，どちらも平和を実現するための行為だと思う。

　平和を実現する為には，何が一番大切なのかを一人ひとりが考える必要があると思う。戦争はただの殺し合いで，お互いがお互いを守る為に武力を用いて争うというものだけれど，まず命が一番大切という認識があれば，武力を使おうという発想にはなりづらいと思う。一人ひとりに正義があって当然だし否定されるべきではないと思うけれど，やはりどんな命であっても軽んじてはいけないと思う。

【B生徒】

　戦争などを自分事として捉える必要があると思う。日本は戦争しないから関係ないと思っている気持ちが少しでもあれば，世界は変わらないと思う。戦争は他人事ではなく自分にも関係する事を常に理解していなければならない。

　そうすることによって，少しでも戦争していない国の行動が変わっていくことで，平和に近付くと思う。しかし，「平和＝終戦」ではなく，「平和＝全員幸せ」なので，今の日本は終戦に向けてしか取り組まれていないと思うので，全員幸せの道に向かっての取り組みを増やしていかなければならないと思う。

　【A生徒】は第7時の話し合いを通して，平和を実現するための取り組み一つひとつに意味づけをしながら，自分の考えを見つめ直していく姿が見られました。一方で【B生徒】は，自分なりに平和観を言語化していく姿が見られました。特に，「平和＝全員幸せ」のように，終戦が目的ではなく一人ひとりの幸せを実現していくことこそが大切なのだと気づくことができたことは単元の学びの積み重ねがあってこそだと考えます。

〈参考資料〉
・由井薗健（2017）『一人ひとりが考え，全員でつくる社会科授業』東洋館出版社
・中村祐哉（2022）『板書＆問いでつくる「社会科×探究」授業デザイン』明治図書出版

（澤田　康介）

第3章　社会科「個別最適な学び」授業デザイン　中学校・高等学校編　175

8

高校2年
政治的な主体となる私たち「選挙の意義と課題」

18歳成年を迎える主権者の学び
―未来の創り手は，学びのパートナー！―

1 | 教材研究と単元デザイン

❶単元目標

> 「政治参加と公正な世論の形成」について，生徒が架空の4つの政党
> の掲げる政策に対し，幸福，正義，公正などに着目しながら比較考量し
> て究論活動を行う。また模擬投票を通じて，主権者としての自覚と社会
> 参画へ向けての政治的意識の向上を図る。

『高等学校学習指導要領（平成30年告示）』において，高等学校公民科では
新たに「公共」という科目が置かれました。「公共」は高校における必履修
科目で，原則として入学年次及びその次の年次の2か年のうちに履修される
ものです。公共では，未来の創り手である生徒の公民としての資質・能力を
育成することだけではなく，社会参画につなげていくことが求められます。

「未来の創り手である生徒は学びのパートナー！」，これは単元づくりにお
ける私のモットーです。もうすぐ成年年齢を迎える生徒一人ひとりを見取る
ことで，「なぜ若者の政治への関心が低く，投票率は低くなっているのか？」
という疑問や，「（来年）選挙権をもつ私たちに今どのような力が必要なの
か」，「模擬投票をやってみたい」といった思いを掴むことができました。そ
こで，次頁の「単元構造図」では，本単元における指導目標と，生徒の学習
要求に応える学びを上下に挟み置くことで，両者が結び付く単元を実現しよ
うと試みました。

❷単元計画（全３時間扱い）

出典：小原友行編著（2009）『「思考力・判断力・表現力」をつける社会科授業デザイン（中学校編）』明治図書，p.134。なお，筆者が参照し，一部改め作成。

❸単元をつくるにあたっての教材研究について

　生徒たちは，小，中学校において立法や行政についての基礎・基本となる知識は既に学んでおり，そうした学習歴をふまえた学習問題の設定が必要となります。そこで，前頁に示した「単元構造図」を作成し，学び手である生徒が社会的な見方・考え方を働かせて社会的事象を多面的・多角的に捉えることや，立法や行政の抱える諸課題を追究したり，解決へ向けて自分事化したりすることのできる問いや学習問題等を設定しました。こうした問いや学習問題，そして仕掛けは，「『個』をさぐること」（勘所2）で見えてくる学び手の内側にある「関心の種」から見出したものです。

　では，どのようにすれば学び手の「関心の種」を見取り，学習問題としていけるのでしょうか。ここでいう「関心の種」とは，たとえ表面的には「何の関心もない」とうそぶいていても，現象面だけに囚われることなく，その裏側にある興味・関心の本質に迫ろうとすることで見えてくる生徒の本当の思いや考えなどのことです。「関心の種」は，普段からの生徒観察や夏季課題等の成果物，発問に対する回答，その他活動における表現の中から見取ることができます。教師が「眼」を凝らして生徒の内側にある「関心の種」を見つけ，学習問題として活動の中で教材と結び付けることで，「らしさ」が引き出され，学習要求は高まりを見せていくと考えています。

　2023年度の夏季休業期間には，高校生向け副教材『私たちが拓く日本の未来（総務省　文部科学省）』を読み，「最も印象に残ったこと」や「2学期にあなたが学びたいこと」について，Google formsで回答して提出するという課題（回答数123）を出しました。

　すると，提出された課題から，「選挙について詳しく学びたい」という生徒たちの思いが見えてきました。「知りたい」「学びたい」という生徒の思いは「関心の種」であり，その思いを形にしていくのが教材研究であると私は考えています。

2 「選挙の意義と課題」個別最適な学び　成功のポイント

> 　個別最適な学びにおける成功のポイントは，主語を学び手としつつ，「教材を媒介にしての葛藤」をつくり出すことです。下記の「目標のUターン」を用いて説明するならば，教師の教育要求に基づき決められた指導計画ありきではありません。むしろ，学び手である生徒の学習要求が「教材を媒介にしての葛藤」として，学びの中心となっていくのです。

　本稿で取り上げる「選挙の意義と課題」の単元では，個をさぐること（勘所２）や学習形態を工夫する（勘所６）ように計画しました。それは18歳の主権者を想定し，実社会における諸課題へのアプローチを試みたものです。教科書に掲載されている４つの政策は，「この政策がいい」とは簡単には判断ができません。それだけに，教材を媒介にしての葛藤を生み出す仕掛けが，「自分ならばどのように考えるのか」という問いを生み出し，学習要求（学習目標）は発展と成長を遂げ，自己調整を通じてやがて追究へと導くのです。

［目標のUターン］

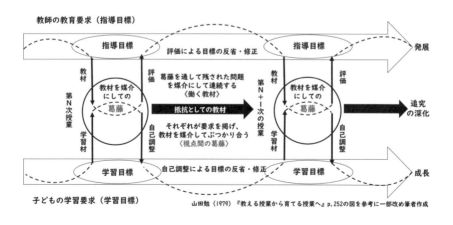

第3章　社会科「個別最適な学び」授業デザイン　中学校・高等学校編

3 「選挙の意義と課題」授業展開プラン

❶単元における「中心となる問い」を見出すための見取りと展開

　学びのパートナーである生徒の学習要求から,「中心となる問い」を見出すには「個」をさぐること(勘所2)が欠かせません。「記録を取る」という意識を働かせ,「個」をよく見て「関心の種」を見取ることが大切になります。

　以下の「座席表カルテ(=事実+教師の願いや解釈)」は,Excelを使って長方形の枠を作り,その枠の中にGoogle formsによる生徒の回答を「関心の種」として端的に記載したものです。中心となる問いは,Aさんの「来年選挙権を持つ私たちに今どのような力が必要なのか」という記述から位置付けたもので,Eさんの「候補者や政策を整理する方法が知りたい」という学習要求につなぎました。そのうえで全体を俯瞰し,対話を伴う学習方法としては,小グループでの究論活動(マイクロディベート)を取り入れ,生徒同士が意見をぶつける機会を設けました。

〔Google formsでの回答をもとに作成した「座席表カルテ」の実践例〕

	G ◎	H ◎	I ◎
「もう少し深掘りしてほしい」というつぶやきを拾い上げる	投票率の低い原因は政党の具体的な活動内容や方針が分からないからであり,政党について理解できる機会が必要だと思う。	僕は学習方法についてです。コミュニケーションを中心とした授業で,選挙について考えてみたい。	若者に向けた政治方針がなく,若者の声が届きにくくなっているのは問題。しかし,私は政治参加したいと思っている。
	D ◎	**E ◎ 具体的な方向性**	**F ◎**
	政治に参加しても意味がないと思っている人がいると思うけど,投票しないということは選択機会を失うことになる。	選挙は私たちの意見を反映させてくれる代表者を選ぶことなので,選挙のときに候補者や政策を整理する方法が知りたい。	近年,国政選挙,地方選挙の投票率の低下が問題になっている。10〜20代の投票率の低さは目立つ。
	A ☆ 中心となる問い	**B ◎**	**C ◎**
Bにも留意して,問いを投げかける	来年選挙権を持つ私たちに,今のような力が必要なのかについて考えてみたいです。	日本では私たちが直接,内閣総理大臣を選べないのだから,それを選ぶ国会議員をしっかりと選びたい。	資料を見て気が付いたことは,最も投票率が高かった昭和26年と比べると今は半分になっていることです。

生徒I, Gの考えをDへとつなげていく

生徒C, Fを生かし,考えを深めたい

カルテの記号の意味　☆　本単元で位置づける中心となる生徒(問い)や考え,◎　素晴らしい回答と自分の考え・思い,○　よい回答や気づき,△　普通(根拠に基づかない思い付き等),太い矢印は,授業の大きな流れ(展開)となる動線,吹き出しをつけて留意点を書き留めておく。

❷教材との関わりの中で，「個」を生かす ●━━━━━━━━━●

　座席表カルテの魅力は，一人ひとりの個を見取り，生徒と教材との関わりを重視して授業を構想できるところにあります。ですから，「関心の種」を生かせるように，生徒を連続的・多面的に捉え，動的で立体的な人間関係を描き，可能性を信じて丁寧に見取ることが，教師には求められます。

　そのため，前頁で紹介したカルテは，授業中に記述していくものではなく，新しい単元に入る前に作成し，「関心の種」を見取って活用するために作成しています。なお，単元開始後に表現された生徒の意見や考え等については，授業後に吹き出しをつけ，「つぶやきや留意点」として書き加えています。

　とはいえ，理論編 p.48で指摘しているように詳細に追うことのできる生徒の数は，数人というのが一つの自安です。本稿では紙幅の都合もあり，中心となる問いや考えを記述したＡさんとその周辺の座席表カルテを取り上げ，Ｅさん，そしてＨさんへとつないだ授業展開に焦点化して紹介します。

〔本単元で中心として位置づけたＡさんの Google forms における回答〕

> 　私は来年，選挙権を持つ私たちに今どのような力が必要なのか，気になりました。資料を読んで身につけるべきだと思ったことは，多面的・多角的に考え自分の考えを作る力，考えを主張し説得する力です。この力を養うには，物事を自分事として考えることが大切だと思います。また，誰かと話す時にわかりやすく説得力を持たせられるように工夫することが大事だと思います。社会に対し，もっと興味を持つことが良い世の中につながっていくと思います。

　この回答には本単元を構成するうえで，特に鍵を握る事柄が多く含まれています。例えば，主権者として選挙権を得るにあたり必要な力とは何か，またそれを具体的に考え，力を身に付けることでどのような社会につながっていくのか。まさに「意味の含有量」が高い回答でした。こうした生徒の回答から単元や授業を構成していくことは，学習意欲の高まりにも寄与します。

第3章　社会科「個別最適な学び」授業デザイン　中学校・高等学校編　181

❸「関心の種」をつなぎ，生かす学びを！ ●━━━━━━━━━━●

　学習指導要領では，内容の取り扱いについて，「生徒の学習意欲を高める具体的な問いを立て，協働して主題を追究したり解決したりすること」とあります。そのため，Aさんだけではなく，Eさんの「候補者や政策を整理する方法を知りたい」という学習要求に応える学びを合わせて目指しました。

　そこで，学習形態の工夫（勘所６）として，政策分析シートを使い，「支持するか，支持しないか」を政策評価して得点化しました。下の表にある評価は，政策を強く支持する場合は「＋３」，弱い支持の場合は「＋１」，強く反対する場合は「－３」，弱い反対の場合は「－１」，どちらともいえない場合は「０」を記入し，そのうえで最終的な政党への「支持・不支持」を一人ひとりが比較考量しながら選択し，支持・不支持を決定していきました。

〔生徒の政策分析シート〕（『公共ノート』（第一学習社），p.67より作成）

	A党		B党		C党		D党	
	政策	評価	政策	評価	政策	評価	政策	評価
教育	支持・不支持	＋３	支持・不支持	＋３	支持・不支持	－３	支持・不支持	－１
消費税	支持・不支持	－３	支持・不支持	＋３	支持・不支持	＋１	支持・不支持	－３
社会保障	支持・不支持	＋１	支持・不支持	－１	支持・不支持	＋３	支持・不支持	＋３
原発・エネルギー	支持・不支持	－３	支持・不支持	－３	支持・不支持	＋３	支持・不支持	＋１
評価合計	－２		＋２		＋４		０	
政党への支持・不支持	支持・不支持		支持・不支持		支持・不支持		支持・不支持	

　また，Hさんの「コミュニケーションを中心とした授業で，選挙について考えたい」という思いと，Aさんの「多面的・多角的に考え，自分の考えを作る力，考えを主張し説得する力」がつく学びとして，まずは「支持する政党」ごとに分かれ，その後各政党の掲げる政策のメリット（重要性）とデメリット（深刻性）から，「日本社会の目指す方向性」について究論しました。

　実際の選挙では，選挙期間になると，「選挙公報」「ポスター」「政見放送」，そして「街頭演説」等が行われますが，候補者の掲げる政策を吟味した上で，

182

自らの意思で投票することが大切です。前頁で紹介した生徒のワークシートを見てみると，Ｃ党が最も高い評価合計になっているものの，支持できる政策「社会保障，原発・エネルギー，消費税」もあれば，できない政策「教育」もあることが分かります。まさに主権者として，支持・不支持について葛藤を抱える生徒の姿を「教材を媒介しての葛藤」から見取ることができます。

〔模擬投票〕（『高等学校 公共』（第一学習社），p.105より作成）

　○政策を比較してＡ〜Ｄ党のうち，あなたならどの政党に投票しますか。

　次頁にある〔政策分析ワークシート〕を使って，「教育」「消費税（租税）」「社会保障」「原発・エネルギー」の４つに対して優先順位を得点化して評価し，そのうえで自分がどんな政策を重視しているのかを考えましょう。

Ａ党
ア．誰もが安心して，高等教育を受けられるように，全学生を授業料等免除の対象とする。
イ．消費税を30％に増税する。高福祉・高負担の社会モデルをめざす。
ウ．高齢者への年金支給額を増額する。
エ．原発の安全性や効率性をさらに高め，積極的に活用する。

Ｂ党
ア．所得の低い家庭の学生に，給付型奨学金を給付する。
イ．消費税を15％に増税。財政再建に向けた取り組みを重要視する。
ウ．医療費の抑制をめざし，自己負担額を３割から４割に引き上げる。
エ．既存の原発を活用しながら，再生可能エネルギーとのベストミックスを実現する。

Ｃ党
ア．授業料等免除も給付型奨学金も実施しない。
イ．消費税を５％に減税。減税によって消費を増大させ，景気の好転をめざす。
ウ．企業が，介護と仕事の両立支援をおこなえるように，法整備を実施する。
エ．原発の新規建設や再稼働は認めず，段階的に既存の原発を廃炉にして，再生可能エネルギーにシフトする。

Ｄ党
ア．大学や研究に対する教育予算を増額する。
イ．消費税を廃止する。その分，所得税や法人税を増税し，所得の再分配の充実をはかる。
ウ．子育て支援に力を入れ，待機児童ゼロを実現させる。これにより，女性が活躍できる社会を構築する。
エ．原発稼働をすべて中止する。再生可能エネルギーへの予算を増額し，クリーンエネルギー社会を実現する。

　模擬投票では，「あなたはＡ〜Ｄ，または支持政党なしのうち，どれを選択しますか」の５つの選択肢を提示し，Google forms を使って模擬投票を行いました。すると，「支持政党なし」が最多得票を集めました。投票結果やカルテの記載内容は，日本の選挙の課題を考えるうえでも示唆に富むものでした。

第３章　社会科「個別最適な学び」授業デザイン　中学校・高等学校編　183

4 「この子」の育ちと評価のポイント

　自立した学習者へ向けての評価のポイントは，生徒自らが「成長した」という実感と，学習要求（学習目標）の達成をどのように見取るかです。そこで，学びの自己調整（勘所8）の軌跡を，生徒の振り返りから見取りました。個別最適な学びの勘所は，主語を学び手にして学習を考えることですから，生徒の学習要求が「教材を媒介にしての葛藤」を通じてどのくらい高まりを見せて成長し，指導目標に近づけたのかを評価することが大切です。

〔模擬投票へ向けての究論活動についてのAさんの振り返り〕

> 　相手の意見をしっかりと理解した上で，非難はせずに自分の立場の意見を述べることは想像以上に難しいことだった。

　普段，物静かなAさんの振り返りからは，成長を感じることができました。不用意にディベート的な手法を用いる場合，「健全な批判ではなく，単なる非難の応酬」となりがちです。しかし，Aさんは「相手の意見をしっかりと理解した上で，非難はせずに自分の立場の意見を述べる」という究論に挑戦しました。振り返りを通じて，学びを深めていたことは高く評価できます。

〔模擬投票へ向けての政策評価についてのDさんの振り返り〕

> 　医療費の自己負担が増えるのは困るけれど，所得の低い家庭には奨学金が給付されることは大切。また，エネルギーは再生可能エネルギーがよいことだけどそれだけでは難しい。

　次にDさんの振り返りを見ると，模擬投票へ向けての政策評価について，租税の負担と給付，エネルギー政策のあり方についての葛藤が見えてきます。それは，まさに学びを深める「教材を媒介にしての葛藤」といえるでしょう。

こうした振り返りには，「学びを深めるため」「学びに『つながり』をもた
せるため」「自分の変容（成長）を自覚させるため」といった自己調整を図
るうえでの３つの効果が期待できます（理論編 p.155）。また，生徒は書く
ことで自己を表現し，教師は見取ることで成長や変容した姿を評価すること
ができます。振り返り等の成果物を丁寧に見取り，学びの履歴を積み上げて
いくことで，自己調整しながら成長していく姿を評価することができるので
す。

　181頁のＡさんの回答の結び（二重線）には，「社会に対し，もっと興味を
持つことが良い世の中につながっていくと思います。」と書いてありました。
この感覚は，本単元の指導目標である「主権者としての意識と自覚」を高め
ることにつながるものです。Ａさんは自分から積極的に発言するタイプでは
ありませんが，問いや考えなどを「書く」ことを通じて豊かに表現できる生
徒です。Ａさんに限らず，教材を通じて葛藤しながらも自己選択し，自己決
定を行っていくことは，18歳の主権者（おとな）へ向け，思考力や判断力，
表現力だけではなく，未来の創り手としての資質・能力を育むことができる
と考えます。

　確かに知識や技能を身に付けることは，過去から受け継がれてきた英知を
次世代に継承する点において，教育が担ってきた役割の一つです。しかしこ
れからの学びは，未来の創り手であり，学びのパートナーである生徒ととも
に創り出していくものです。一人ひとりの個を見取り，生徒と教材との関わ
りをもたせることで，知的で学び甲斐のある授業に挑戦してまいります。

〈参考資料〉
・上田薫／静岡市立安東小学校著（1977）『どの子も生きよ』明治図書
・北俊夫（2011）『社会科学力をつくる"知識の構造図"』明治図書
・小原友行編著（2009）『「思考力・判断力・表現力」をつける社会科授業デザイン（中学校
　編）』明治図書
・松本道弘×菊池省三（2014）『ディベートルネサンス 究論復興』中村堂
・山田勉（1979）『教える授業から育てる授業へ』黎明書房

（大廣　光文）

おわりに

　本書は，宗實直樹氏と共に主宰する「早朝社会科倶楽部」のメンバーと共に執筆しました。早朝７時にオンラインで集うこの倶楽部メンバーは，所属も，校種も，年代もばらばらな者同士ですが，次の２点で共通しています。

> ○社会科「個別最適な学び」授業デザイン　理論編／実践編をベースにしながら，自らの社会科授業を改善・進化させたいという強い意志をもっている
> ○個別最適な学びの実現に向けた様々なチャレンジを面白がっている

　そんな私たちが宗實直樹氏の下に集い，16本の実践を編み，この１冊が出来上がりました。発想をヒントにしたり，14の勘所を再確認したり，授業方法や教材を真似てみたりと，本書を手に取ってくださった皆様のお力になれればこれほどうれしいことはありません。

　この図は，16本の原稿を AI テキストマイニングを使って処理した結果です（ユーザーローカル AI テキストマイニングによる分析 https://textmining.userlocal.jp/）。調査対象の文章によく出現する単語ほど大きく真ん中に表示されます。私はこれを見て，執筆者の思いが表されているの

だと強く受け止めました。AIテキストマイニングの画面には、「学び」という言葉が一番大きく、次に「子ども」と続きます。「教師」がどのように「教えるか」よりも、「子ども」の「学び」に軸足を置いていることが伺えます。「自分で学びを調節しながら進める」「子どもたちと社会科の学びを積み上げながら」、このような表現が本書を通じて多く出てくるのは、執筆陣のベースに「社会科を通して子どもの学びを豊かにしたい」という強い思いがあるからだと思っています。

　上位目標は「自立した学習者」を育てることであり、そのための方法やアプローチは多様です。本書をきっかけにして、「個別最適な学び」を実現する色とりどりな社会科実践が生まれることを願ってやみません。

　最後になりましたが、本書の執筆にあたっては、明治図書出版の及川誠様、安田晧哉様に大変お世話になりました。温かい励ましとご助言、丁寧で正確な校正をしていただいたおかげで、形にすることができました。深く感謝申し上げます。

　また、本書に示す16の実践はあくまで私たちの試行錯誤の一部でしかありません。「この単元ではこうすれば良い」「この場面では、この勘所を意識することが正解だ」などと、「型」として見るのではなく、皆さんの目の前にいる子どもの実態や、目指す子どもの姿に応じて、自由にアレンジしていただきたいです。

　同時に、本書でつながれた皆様と、ぜひ早朝社会科倶楽部でお会いできたらと思います。個別最適な学びの実現に向けた様々なチャレンジを共に面白がりながら、気軽に、そして真剣に社会科について語り合いましょう。皆様とお会いできる日を楽しみにしています。

2024年10月

椎井　慎太郎

【執筆者一覧】

宗實　直樹　関西学院初等部

椎井慎太郎　新潟県佐渡市立新穂小学校

松下　　翔　兵庫県芦屋市立岩園小学校

石川　和之　神奈川県横浜市立日枝小学校

石元　周作　大阪府大阪市立野田小学校

村上　春樹　熊本県合志市立西合志東小学校

府中　高助　神奈川県横須賀市立浦賀小学校

坂本亜姫奈　北海道札幌市立伏見小学校

裏田　雄大　新潟県新潟市立上山小学校

西脇　　佑　愛知県名古屋市立神丘中学校

小田　和也　新潟県佐渡市立佐和田中学校

根本太一郎　土浦日本大学中等教育学校

眞島　良太　北海道教育大学附属釧路義務教育学校後期課程

仙田　健一　上越教育大学附属中学校

鈴木　文哉　神奈川県足柄上郡山北町立山北中学校

澤田　康介　北海道教育大学附属釧路義務教育学校後期課程

大廣　光文　昭和学院中学校・高等学校

【編著者紹介】

宗實　直樹（むねざね　なおき）
1977年兵庫県姫路市生まれ。兵庫県公立小学校教諭を経て，現在，関西学院初等部教諭。授業研究会「山の麓の会」代表。社会科教育，美術科教育，特別活動を軸に，「豊かさ」のある授業づくり，たくましくしなやかな子どもの育成を目指して，反省的実践を繰り返す。
著書に，『社会科の「つまずき」指導術　社会科が面白いほど好きになる授業デザイン』（明治図書，2021年），『社会科「個別最適な学び」授業デザイン　理論編・実践編』（明治図書，2023年），『「発問」のデザイン　子どもの主体性を育む発想と技術』（明治図書，2024年）などがある。

椎井　慎太郎（しいい　しんたろう）
1983年新潟県佐渡市生まれ。新潟県公立小学校教諭，新潟大学附属新潟小学校教諭を経て，現在，佐渡市立新穂小学校教頭。自立した学習者を目指して，子ども追究型の社会科授業の研究実践を積み重ねている。
著書に，『GIGAスクール構想で変える！1人1台端末時代の社会授業づくり』（明治図書，2022年）などがある。

社会科「個別最適な学び」授業デザイン　事例編

2024年11月初版第1刷刊	©編著者	宗實　直樹
		椎井　慎太郎
	発行者	藤原　光政
	発行所	明治図書出版株式会社

http://www.meijitosho.co.jp
（企画）及川　誠（校正）安田皓哉
〒114-0023　東京都北区滝野川7-46-1
振替00160-5-151318　電話03(5907)6703
ご注文窓口　電話03(5907)6668

＊検印省略　　組版所　中　央　美　版

本書の無断コピーは，著作権・出版権にふれます。ご注意ください。

Printed in Japan　　　ISBN978-4-18-349335-4
もれなくクーポンがもらえる！読者アンケートはこちら→

教師と保護者ための
子どもの学び×ＡＩ入門

福原 将之 著

子どもたちが将来ＡＩ格差に陥ることなく幸せに生きるために，私たちが今出来ることとは？教育における生成ＡＩの基礎基本と活用ポイントをまとめたトリセツに加え，最新の教育活用事例を取材をもとに詳しく解説します。ＡＩ時代の教師と保護者にとって必携の一冊です。

Ａ５判 160 ページ／定価 2,046 円(10% 税込)
図書番号 3141

令和型不登校対応マップ
ゼロからわかる予防と支援ガイド

千葉 孝司 著

近年また増加傾向にあると言われる不登校。コロナ禍やＳＮＳの影響など，不登校の原因も社会情勢や環境の変化により多様化してきています。正解がない令和ならではの不登校対応について，教師と子どもの場面別の会話例も入れて解説しました。明日の道標となる１冊です。

Ａ５判 144 ページ／定価 2,046 円(10% 税込)
図書番号 2411

『学び合い』
誰一人見捨てない教育論

西川 純 著

「一人も見捨てない」教育は，『学び合い』でどのように実現出来るのか。その基礎基本からつまずくポイント，読者からの疑問に応えるＱ＆Ａから『学び合い』の応用法，活かし方までを１冊にまとめました。個別最適な学びを目指すこれからの教育に必携の書です。

Ａ５判 176 ページ／定価 2,266 円(10% 税込)
図書番号 2634

苦手でもできる！
ＩＣＴ＆ＡＩ活用超入門
個別最適な授業づくりから仕事術まで

朝倉 一民 著

ＩＣＴやＡＩって言われても…という先生も必見！授業での子どものやる気向上と校務の効率化を実現する！！ＩＣＴ＆ＡＩ活用はじめの一歩。個別最適な学びを目指した一斉学習・個別学習・協働学習での活用法から学年別ＩＣＴ授業プラン，校務で活用する仕事術までを紹介。

Ａ５判 152 ページ／定価 2,266 円(10% 税込)
図書番号 1633

明治図書 携帯・スマートフォンからは **明治図書ONLINEへ** 書籍の検索，注文ができます。▶▶▶

http://www.meijitosho.co.jp ＊併記4桁の図書番号（英数字）で，HP，携帯での検索・注文が簡単に行えます。

〒 114-0023 東京都北区滝野川 7-46-1　ご注文窓口　TEL 03-5907-6668　FAX 050-3383-4991

粕谷昌良の「考えたくなる」社会科授業

粕谷昌良 著

「子どもが進んで考えたくなる」社会科授業づくりの秘訣が満載!

「子どもが進んで考えたくなる」社会科授業づくりのポイントを,徹底解説。子どもの見取りから単元の授業デザイン,問いの吟味から学習の複線化,学習評価までを網羅。多様な価値観への理解と視野がひろがる,社会科授業づくりの「はじめの一歩」となる入門書です。

A5判 184頁
定価2,200円(10%税込)
図書番号 2635

中学校社会サポートBOOKS

見方・考え方を鍛える!学びを深める 中学社会授業ネタ50

梶谷真弘 編著

楽しみながらどんどん力がつく!中学社会おすすめ授業ネタ50選

授業に求められる本質は,「学びたくなる」「全員が参加できる」「力をつける」の3つです。単に面白いだけの授業ネタではなく,見方・考え方を鍛え,学びを深める授業ネタを!中学校3分野の単元別に,すぐ使える魅力的な授業ネタを50本収録した必携の1冊です。

中学地理
A5判 128頁 定価1,980円(10%税込) 図書番号 3597
中学歴史
A5判 128頁 定価1,980円(10%税込) 図書番号 3598
中学公民
A5判 128頁 定価1,980円(10%税込) 図書番号 3599

スペシャリスト直伝! 社会科授業力アップ 成功の極意

学びを深める必須スキル

佐藤正寿 著

社会科授業づくりの秘訣がぜんぶわかる!

好評のスペシャリスト直伝!シリーズ「社会科授業力アップ」編。学びを深める必須の授業スキルを,教材研究と多様な学びの生かし方もまじえて,授業場面を例にはじめの一歩から丁寧に解説。授業のスペシャリストが子どもが熱中する授業の極意を伝授する必携の1冊です。

A5判 136頁
定価1,760円(10%税込)
図書番号 2899

STEP UP 全学年対応 社会科授業アイデア

**石井英真・由井薗 健 監修/
子どもとつくる社会科授業研究会 著**

社会科がもっと好きになる!ワンステップ高める楽しい授業づくり

「社会科をもっと好きに」「もっと楽しい授業に」という願いを実現する!あと一歩ステップアップするための社会科授業アイデア集。学年別・単元別に,子どもをひきつける教材づくりや熱中する学習方法,ワンステップ高めるポイントと具体的な授業プランをまとめました。

A5判 208頁
定価2,376円(10%税込)
図書番号 3788

明治図書 携帯・スマートフォンからは **明治図書ONLINEへ** 書籍の検索,注文ができます。▶▶▶

http://www.meijitosho.co.jp ＊併記4桁の図書番号(英数字)でHP,携帯での検索・注文が簡単に行えます。

〒114-0023 東京都北区滝野川7-46-1 ご注文窓口 TEL 03-5907-6668 FAX 050-3383-4991

個別最適な学び×ロイロノート 複線型の学びを生み出す 授業デザイン 小学校編

吉金 佳能・宗實直樹 編著

ロイロノートを活用すればここまで出来る！「学習の複線化」をキーワードとした「個別最適な学び」実践集。すべての実践事例に「単元デザイン案」を入れ，単元を通してどのように「指導の個別化」と「学習の個性化」を図るか，その授業づくりを具体的に提案しました。

Ａ５判 152 ページ／定価 2,376 円(10% 税込)
図書番号 1694

個別最適な学び× 協働的な学び× ＩＣＴ「超」入門

佐々木 潤 著

２０２２年発刊のベストセラー『個別最適な学び×協働的な学び×ＩＣＴ入門』，待望の第２弾。「個別最適な学び×協働的な学び×ＩＣＴ」を公立学校でも成功させるポイントを，はじめの一歩から各教科の授業デザイン，取り組んだ先生の体験談からＱ＆Ａまでを１冊に。

Ａ５判 192 ページ／定価 2,376 円(10% 税込)
図書番号 2135

「発問」のデザイン 子どもの主体性を育む 発想と技術

宗實 直樹 著

子どもたちが主体的な学びを実現するための発問づくりの考え方と技術とは？発問の基礎基本からその分類と組織化の方法，「良い発問」の条件から見方・考え方を育てる発問のつくり方，子どもの思考を揺さぶる発問から授業展開まで。発問づくりの秘訣を凝縮した１冊です。

Ａ５判 200 ページ／定価 2,486 円(10% 税込)
図書番号 2399

学習指導案の理論と方法

米田 豊・植田真夕子 著

「なぜ学習指導案を書くのか？」教材観や指導観を基盤とした確かな学習指導案の理論と方法。目標の記述から単元の指導計画，研究主題との関連から単元の構造図のとらえ，指導過程から板書計画，評価規準まで。具体的な指導案と授業実践モデルで詳しく解説しました。

Ａ５判 160 ページ／定価 1,980 円(10% 税込)
図書番号 0218

明治図書　携帯・スマートフォンからは **明治図書ＯＮＬＩＮＥへ** 書籍の検索，注文ができます。▶▶▶

http://www.meijitosho.co.jp　＊併記４桁の図書番号（英数字）で，HP，携帯での検索・注文が簡単に行えます。

〒114-0023　東京都北区滝野川7-46-1　ご注文窓口　TEL 03-5907-6668　FAX 050-3383-4991